La luz de una candela

Editorial SEBILA
UNIVERSIDAD BÍBLICA
LATINOAMERICANA

Comité Editorial:
M.Sc. Ruth Mooney (directora)
Dr. José Enrique Ramírez
Dra. Karla Koll
Dr. Martin Hoffmann

Universidad Bíblica Latinoamericana
Apdo 901-1000
San José, Costa Rica
Tel.: 2283-8848 / 2283-4498
Fax: 2283-6826
ubila@ice.co.cr
www.ubila.net

La luz de una candela

Reflexiones teológicas

Victorio
Araya-Guillén

Araya-Guillén Victorio
La luz de una Candela: reflexiones teológicas. Un estudio sobre el tema de la luz desde la candela como "lugar teológico". Sistematización de sus ejes teológicos.

Victorio Araya-Guillén- San José, CR
SEBILA, 2014
163pp; 6x9 pulg.
ISBN 978-9977-958-66-8

1. TEOLOGÍA CONSTRUCTIVA. 2. TEOLOGÍA DE LA LUZ. 3. TEOLOGIA LITÚRGICA.

Edición:
José de la Victoria Araya-Guillén

Diagramación / Diseño portada:
Damaris Alvarez Siézar

Ilustración portada:
Pintura *Utopía de la luz*
de J. Fuentes, Ecuador, 1991.
Propiedad de VAraya.

Reservados todos los derechos

Copyright © 2014

San José, Costa Rica
Abril, 2014

ISBN: 978-9977-958-66-8

A Nina: María Luisa Guillén Vega
una mujer luz —siempre encendida.
Quien ha iluminado con su cariño
y sabiduría de madre el camino de mi vida.

♥

Tabla de contenido

Presentación	9
A manera de introducción	13
El camino a seguir	15
La Candela un <lugar teológico> apropiado	17
"Dios es mi CANDELA que alumbra mi oscuridad"	18
<<Dios es gratuito pero no superfluo>>	20
Artesanos de la luz... creatividad que ilumina	23
El don de la Luz. Siempre presente e imprescindible	25
El fuego: origen de la religión	28
Somos seres de Luz	29
Desde la fe, la luz brilla más	33
Salmo de la Luz	35
El candelabro de Dios	37
La LUZ/MIRADA griega y la PALABRA/ESCUCHA israelita	37
Comentario bíblico-teológico	39
Re-lectura cristiana de la simbólica de la luz y la Menorá	42
Síntesis de la lectura bíblico teológica	44
La Luz de una simple Candela	46
Encender una Candela	49
Parábola del fósforo y la candela	49
Oración al encender una candela	51
La llama en flor ardiente de una candela	52
La Llama que me Llama	53
Parábola de las mariposas y la luz	56
El símbolo es lenguaje del Misterio	61
"Simbolizo, luego existo"	63
El símbolo reúne lo que está separado	64
Creer y celebrar	69
La celebración iluminada de nuestra fe	70
Encender Siete Candelas	71
Encender siete luces cotidianas	75
Encender el Cirio Pascual	77

El camino de la luz, exigencias éticas de una opción	**78**
Caminantes por los caminos de la vida: <homo viator>	80
Modelo primario desde nuestros antepasados	81
Fascinación y dificultad del camino	81
El camino: una experiencia de rumbo-meta	83
Prolongar el camino	83
Abrir el camino	84
Caminar es optar	85
Ambos caminos se entrecruzan en nuestro corazón	87
La opción fundamental	88
Cualidad ética en el camino humano	89
Constancia y fidelidad en el camino	89
EXPLICITACIÓN	**93**
Teología desde la luz de una candela	94
Afirmaciones teológicas fundamentales	96
1. <<DIOS ES LUZ>>	98
Excursus: La fe-confianza en el Misterio Dios	101
2. Dios es mi candela	105
3. Dios es la luz... nosotros los candelabros	108
4. Mantener encendida la luz de Dios: El riesgo de apagar la luz.	113
5. La luz sin obras está apagada	114
Pasos para que la luz sea	116
6. Ser parte de la luz: el costo de arder	119
7. Cuando la oscurana se prolonga…	123
8. Aferrarnos a la luz cuando parece cerrado el camino	126
Promesa de la luz	129
9. Días de luz surgirán de la penumbra fértil	136
10. Cuando la penumbra <<hace ver>> cosas que no se ven en la luz... cuando menguar la luz hace ver mejor	138
11. La Luz-vida tendrá la última palabra	140
<<Un amor—luz me espera>>	143
Nota bibliográfica	**147**
Notas	**148**
Acerca del autor	**158**
Bibliografía	**160**
Breve índice temático	**163**

Presentación

Victorio Araya Guillén, costarricense, metodista ecuménico entrega al mundo hoy, la seductora obra intitulada: **La Luz de una Candela: Reflexiones Teológicas**, producida de manera itinerante en talleres ecuménicos creativos y momentos de reflexión, discernimiento, diálogo y oración con las comunidades latinoamericanas y caribeñas. Autor de *"Fe Cristiana y Marxismo. Una perspectiva Latinoamericana"* (1974), y *"El Dios de los Pobres"* (1983), y numerosos ensayos y artículos en los campos de Sagrada Escritura, Teología de la Misión y Metodología Teológica, Victorio se forma como teólogo en la erudición bíblica del antiguo Seminario Bíblico Latinoamericano y de la Universidad Pontificia de Salamanca. Distinguido profesor Jubilado de la Universidad Bíblica Latinoamericana, del Departamento Ecuménico de Investigaciones, y de la Escuela Ecuménica de Ciencias de la Religión de la Universidad Nacional Autónoma (Heredia, Costa Rica). En el año 2008, dieciséis autoras y autores escribieron sus ensayos en torno a la espigada, lúcida y lúdica personalidad teológica de Victorio Araya Guillén, publicados en su honor con el nombre *"En el camino de la luz"* (EECR/UNA-SEBILA).

Victorio Araya Guillén busca su propio mundo poético, teológico y misiológico, y lo encuentra en el Dios de los Pobres de América Latina y el Caribe; lo encuentra en la Teología Latinoamericana de Liberación, en la comunidad ecuménica-universal, en la misión profética mesoamericana, en la luz de la Palabra encarnada en la comunidad pluricultural, en la poética de todos los tiempos, en la mística y el arte. Desde estos contextos movilizadores se compromete con el espíritu latinoamericano de las nuevas transformaciones sociales. Asume la opción revolucionaria como compromiso vital en sus expresiones teológicas, pastorales, filosóficas, políticas y poéticas. Su vida espiritual-militante abre brecha hacia una profunda búsqueda de discernimiento, libertad, sabiduría y luz, ante la oscurana moral y la injusticia del mundo capitalista.

El teólogo de la luz encendida, ilumina la senda estrecha de las y de los que anuncian el nuevo amanecer de la humanidad latinoamericana. El teólogo de la luz cotidiana, irrumpe con sus reflexiones en esta obra, con notas populares, prosas, poemas y canciones, desde la sabiduría teologal y cúltica de la Torá, así como del movimiento de los profetas de Yahvé, de los Salmos, los Evangelios y las Cartas Pastorales, y el Apocalipsis. El teólogo de la luz con su pensamiento originario y original y sus acciones seductoras, irrumpe en la alegría de los pueblos del mundo, en la liturgia de la comunidad multirracial, ecuménica y abierta, en la meditación y proclamación de la Palabra, en el canto cósmico, en la armonía de la creación, en el reposo, en la oración y el silencio.

Esta obra exquisita es exteriorista, simbólica, imaginista, con raíces profundas en la cultura poética popular en sus expresiones bíblica, teológica, cúltica, mística, poética, estética, musical y plástica. Es una teología que busca expresar significaciones de la luz por ella misma y por las muy diversas expresiones y encantos de la vida. Es una teología que provoca el encuentro, la comunión, el mirarnos a los ojos, el discernir hacia nuestro interior.

En la Teología desde la Luz de una Candela, discurre hacia lo profundo del ser la sabiduría de la vida, la poética existencial, los colores del arte y la belleza, el espíritu-literato popular, la teología mística, que como llama encendida, que camina y dialoga, configura una nueva dimensión del teólogo, en su andadura hacia la alborada del trópico mesoamericano.

La Teología de la Luz es original en sí misma y en su mensaje. Es vasta y rica en el universo literario latinoamericano. Ella se mueve y vibra en verso y en prosa, en reflexiones espirituales de vocación ecuménica, en pensamientos abiertos e inconclusos que esperan la palabra del futuro, es lírica y subjetiva, es tierna y dulce. Es un canto nuevo a la Revelación, es una nota del encuentro existencial del mundo con la Palabra, es una expresión inédita de la comunión de todos los credos, es la espiritualidad de las y los caminantes que transforman utopías esenciales en la transformación del mundo de Dios. Ella es luz de niñas y niños traviesos sujetos de la nueva cultura, ella es luz de las y los que viven vicariamente sus sufrimientos y anhelan vivir en comunidad sus victorias, en la luz y en la armonía de una sociedad con su rica diversidad, contra toda exclusión.

Dr. Benjamín Cortés Marchena
Rector, Universidad Evangélica de Nicaragua
"Martin Luther King" (UENIC).
Managua, Nicaragua,
24 de Marzo de 2014.
En el 34 aniversario del Martirio de Monseñor Arnulfo Romero.

<La luz de una candela provoca,
 transporta e inspira.
Fascina la contemplación de su ardiente materialidad,
 con su llama ascendente en incesante movimiento.
La espiritualidad[1] consiste en acoger
 el mensaje sencillo de su luz,
  que mueve hacia la vida
  con hondura de Espíritu,
 abiertos a la gratuidad del Misterio luminoso,
  no en tanto trascendencia,
  sino en cuanto opción por la vida,
   Toda la Vida>.

A manera de introducción

Las reflexiones teológicas aquí esbozadas, quieren ser como su nombre lo señala, *teología*. Tal cual lo expresa la etimología griega, la teología es "palabra humana articulada (*lógos*) sobre el Misterio de Dios (*Theos*)". Dios es siempre Mayor a lo que limitadamente podamos decir sobre Él.

La conocida afirmación de Anselmo de Canterbury (1033-1110) *"fides quaerens intelectum"* [= la fe que busca entender] está presente y orienta nuestro camino teológico.

> "Te buscaré deseándote,
>   te desearé buscándote,
>   te encontraré amándote,
>   te amaré encontrándote...
> y no busco entender para creer,
>   sino que creo para entender
> y también creo esto:
>   que si no creyera no entendería".
>
> (*El Proslogion*. Buenos Aires: Aguilar. 1961:36).

Nuestro punto de partida para nombrar el Misterio de Dios es la luz de una candela, constituida en *lugar teológico apropiado*, como tantas otras cosas de la vida cotidiana: la tierra, el cuerpo, el agua, el árbol, los animales, el trabajo, la paz, el dolor, la esperanza, al ser vistas *desde* su específica referencia al proyecto de vida de Dios *(sub ratione Dei)*.[2]

Hablar de Dios, pensar el Misterio desde la historia personal y social, enraizados "en medio de la vida" es nuestra aspiración. Nuestra reflexión teológica es un ejercicio de *teología constructiva*, es decir teología siempre penúltima, teología del camino, en constante circulación, *amarrada* a la vivencia de la belleza que florece en las cosas sencillas. Prevalece la cotidianidad del río de la vida con su riquísima diversidad. Tenemos que aprender como teólogos "a poner el corazón a pensar y el cerebro a sentir" Jacques Sagot. (*La Nación*. San José. 29.1.14:31A). Tenemos que fortalecer la capacidad de estar abiertos a la sorpresa. A dar cabida a lo pequeño y asumir con la libertad que brinda el Espíritu, el tejido multicolor de la diversidad de la vida, a valorar la alegría, el juego, la sabiduría ancestral, la imaginación utópica. Si Dios está con los pequeños, por qué los teólogos quieren figurar tan grandotes. Altisonantemente declaran como "universales" sus muy regionales y particulares construcciones teológicas.

El camino a seguir

El camino que recorremos en nuestras reflexiones teológicas desde la luz de una candela, busca ser lo más sencillo posible. Intentamos conjugar 3 elementos.

El *primero* es nuestra "praxis candelaria" personal como artesano de candelas, enriquecida con la realización de talleres populares para practicar el arte de elaborarlas.

El *segundo* es nuestra práctica de varias décadas, como profesor de teología, desde la teología sistemática, pasando por la teología latinoamericana, hasta la teología constructiva en perspectiva ecuménica.

El *tercero* es nuestra *opción de fe* en el Dios de la Luz, como peregrinos con alegría, paz y esperanza (cf. Rom 15:13) en el camino de la luz y sus exigencias éticas. "Creer en la luz" (palabras de Jesús en Juan 12:36) conlleva a un compromiso vital.

A partir de la luz, somos seres de luz, e interpelados por la llama en flor ardiente de la candela, reflexionamos sobre "La llama que me llama". Somos deudores del gran aporte del filósofo Gastón Bachelard (1884-1962) con sus profundas intuiciones sobre la llama.

Destacamos la enseñanza de una antigua parábola sobre las "Mariposas y la luz". Juzgamos importante hacer una reflexión sobre el símbolo como creación humana y lenguaje del Misterio. Ofrecemos un <<Salmo de la Luz>> y una reflexión sobre el sentido bíblico del candelabro de Dios (la sagrada Menorá), gracias al aporte de nuestro iluminado Maestro, Xabier Pikaza Ibarrondo (Salamanca).

En la segunda y última parte esbozamos desde la luz de la candela, de manera "sistemática" once afirmaciones teológicas. El número no tiene significado especial. Estamos conscientes de las limitaciones de los esquemas y conjuntos de conocimientos organizados en el quehacer teológico. Al mismo tiempo que exponen, ocultan. Es más bien un ejercicio pedagógico de síntesis clarificadora, sin afanes doctrinales.

Osamos decir una palabra sobre la luz en los duros momentos de la noche con su luz menguante, y en los momentos cuando la oscurana se prolonga y se descubre paradójica y fecunda la penumbra como madre de belleza que nos enseña a ver, oír y conocer. Realizamos dos pequeños ejercicios teológicos: el primero es sobre *la fe en Dios* y el segundo es sobre *la teodicea*: la pregunta por el Dios de la luz desde la oscura noche del mundo y del alma. Destacamos el <*Manifiesto*

2000 de la ONU> como un ejemplo de pasos concretos de un camino para que la luz sea historizada y el testimonio inspirador de esa extraordinaria mujer-luz afrodescendiente: Harriet Tubman, aferrada a la luz en la noche de la liberación.

Afincados en la gracia, eje central de la historia de salvación y aferrados a la luz, afirmamos la opción preferencial por la vida plena en su rica diversidad, en la activa esperanza de que la luz y no los poderes de la oscuridad prevalecerán en la tarde de la historia. Ciertamente Dios se manifiesta en la historia por caminos misteriosos. Abriendo caminos donde no los hay. Con sabiduría, Leonardo Boff, ora: *"No sé cómo. Sólo espero"*.

La Candela un <lugar teológico> apropiado

La luz de una candela, un pequeño lugar en el mundo de las cosas cotidianas, se transforma en <*lugar teológico*> apropiado al ser vista la candela en referencia a Dios y a ver a Dios en referencia a la candela.

La luz de la candela nos inspira y mueve para reflexionar, meditar, y celebrar la fe en ámbito de confianza y comunión de luz, caminando en la luz hacia el encuentro con nosotr@s mism@s, con nuestr@ prójim@, *con* la madre tierra nuestra casa común, y con Dios, Misterio de vida y luz.

"Dios es mi CANDELA que alumbra mi oscuridad"

La reflexión teológica desde la candela habla de Dios y su Misterio. Sin referencia directa a Dios no existe reflexión teológica. Hacer teología, es de alguna manera, poner *nombre* a nuestra experiencia de Dios.

La teología desde la luz de una candela quiere nombrar el Misterio de Dios en clave de luz: Dios creador y dador de la luz. "Todo don perfecto baja de lo alto, *del creador de la luz* (literalmente "*Padre de las luces*") en quien no hay cambios ni períodos de sombra ("ni oscurecimiento de ocaso". Cantera-Iglesias). Sant 1:17.

> Dios de la luz, presencia ardiente
> sin meridiano ni frontera
> Vuelves la noche mediodía
> ciegas al sol con tu derecha
>
> Como columna de la aurora
> iba en la noche tu gran luz

Te vio el desierto y destellaron
    luz de tu gloria las arenas...

Eres la luz, pero en tu rayo
    lanzas el día o la tiniebla:
        ciegas los ojos del soberbio
        sanas al pobre su ceguera
Jesús, tu que trajiste
        fuego a la entraña de la tierra
        guarda encendida nuestra candela
        hasta la aurora de la venida de tu reino.

(Del himno "Luz que te entregas" de José L. Blanco Vega en *Himnos de la liturgia*. Barcelona: Coeditores Litúrgicos. 1988:112)

Un texto de la Biblia Hebrea, en el libro de II Samuel 22:29, abre camino hacia la reflexión teológica desde la luz de una candela. Al confesar a Dios como fuente de luz que guía e ilumina, declara con originalidad: *"Dios es mi CANDELA que alumbra mi oscuridad"*. (Seguimos la traducción de la Biblia Crítica Cantera-Iglesias (1975)[3]. La claridad del mensaje y la belleza de este texto, no requiere exhaustivos análisis históricos o exegéticos. Ofrece, en perspectiva bíblica, una síntesis esencial de una teología de la candela, con su eje *iluminador* (Dios es luz) -*iluminación* (luz que vence la oscuridad) -*iluminado* (mi camino).

El Antiguo Testamento describe la relación íntima que Dios mantiene con la luz que lo rodea y reviste como un manto (cf. Dan 2:22; Sal 104:2). La luz es eminentemente <teofánica> es decir, *manifiesta la presencia de Dios* que ilumina, guía y es dador de vida (cf. Sal 27:1). El Antiguo Testamento no llega a decir que Dios mismo *es* luz. Los hebreos no dicen tanto que Dios "es" (plano ontológico), dicen que Dios "actúa" (plano histórico-práxico). Dios actúa por su Palabra y habla por medio de su acción.

En el Nuevo Testamento, será la 1Carta de Juan, (finales del siglo I) la que dé un salto cualitativo con respecto al Antiguo Testamento. Superando la comprensión estrictamente <relacional> Dios-Luz, afirma explícitamente que *"Dios Es Luz"* (sin artículo para expresar cualidad. J. Mateos) complementado con el aserto *"y en El no hay oscuridad alguna"* (1:5).

<<Dios es gratuito pero no superfluo>>

José María González Ruiz (1916-2005)

La reflexión teológica desde la luz de una candela al acoger y celebrar la luz como don de Dios, se ancla en lo que el vocabulario bíblico llama **gracia**, la cual encuentra su célula germinal y fundamento en el amor de Dios. A través del símbolo de la luz hacemos viva memoria y celebramos con esperanza, *la gratuidad de Dios.*

La gratuidad de Dios es la experiencia viva del *Dios de la Luz como don.* Don que Dios le hace al ser humano a través del acto creador *y que no es otro que la auto-donación que Dios hace de sí mismo* como manifestación de su amor generoso "que nos es dado libremente y sin medida; que no lo podemos ganar, porque no es cuestión de logro humano… La buena nueva es que Dios me ama antes de que yo hubiera podido hacer algo para merecerlo" (Desmond Tutu. *Esperanza y sufrimiento.* Buenos Aires: Nueva Creación. 1988:142-143). Amor que se manifiesta en la *aceptación* que Dios hace de cada ser humano, en forma de encuentro e intercambio vital, invitándonos a compartir su mesa de amistad ante una taza de café, un buen trozo de queso y muchas tortillas de maíz. (Cf. Ap 3:20).

El sermón de Paul Tillich (1886-1965) *"Eres aceptado"* (New York, 1955) predicado hace más de medio siglo, continúa ofreciendo luz e inspiración. Citamos el párrafo clásico sobre la gracia.

Una ola de luz irrumpe con fuerza
en nuestras oscuridades,
y escuchamos una voz que nos susurra
¡Eres aceptad@!

Eres aceptad@ por lo que es Mayor que nosotr@s y cuyo Nombre no sabemos. No preguntes por su Nombre ahora... más adelante lo descubrirás. No intentes hacer nada ahora, no busques nada, no emprendas nada. ¡Simplemente acepta el hecho de que eres aceptado! (Cf. Is 43:1)

Cuando esto nos ocurre, es que hemos hecho la experiencia de la gracia... Después de una experiencia así, podemos no ser mejores que antes y podemos no creer más que antes pero todo queda transformado...

Nada se requiere para el cumplimiento de una experiencia semejante, ninguna presuposición religiosa, ética o intelectual, absolutamente nada salvo simplemente la aceptación... del hecho de que eres aceptado.

¡Que la gracia sobreabunde
en cada uno de nosotr@s! (Cf. Rom 5:20).

(Paul Tillich. *Se conmueven los cimientos de la tierra.* Barcelona: Ariel.1968:256).

Artesanos de la luz... creatividad que ilumina

Largo es el camino vital recorrido como docente de teología constructiva y como hacedor de candelas, complementado con la enriquecedora experiencia que vivimos en la realización de muchos e inolvidables talleres populares, sobre el cómo hacerlas; jubilosa y creativa <<casa luz abierta>> en la universidad de la vida, una suma de amistad, artesanía y técnica, en comunión de luz, en sabrosa fraternidad-ternura ecuménica, intercultural e interreligiosa. Sorpresa que nos ha dado la vida. Fuegos grandes y brillantes de todos colores se encienden de chispas pequeñas e inesperadas y arden la vida con tanta fuerza, que no podemos resistir el acercarnos y encendernos en busca de luz. Desde entonces siempre que oigo hablar de hacer candelas "me arde el corazón".

>*<<Gracias por compartir con nosotros en este taller la alegría de hacer las candelas. Son de utilidad. Son creatividad. Son camino de espiritualidad.>> Vida Luz Meneses. Centro Ecuménico Antonio Valdivieso, Managua, Nicaragua. 4 de junio de 1998*

>*<<Lo mejor de las candelas —que esta noche encendemos— es que han salido de las manos de un teólogo-arte-*

A MANERA DE INTRODUCCIÓN

sano>>. Jorge Pixley. Casa "Monte Carmelo", Tegucigalpa, Honduras. Agosto de 1998.

La canción *"Casa Abierta" (www.música.com)* del dúo nicaragüense *Guardabarranco* (Katia y Salvador Cardenal), expresa en gran manera la explosión de alegría y amistad que se vive en los talleres de creación de candelas, celebrados en las más diversificadas casas-luz, siempre ¡abiertas! Citemos algunos de sus versos:

> Quiero estar bien con mis herman@s,
> de Norte a Sur, al fin del mundo.
> Saber OIR y dar mis MANOS,
> sudar JUGANDO algo bien sano.
>
> TOD@s aquí somos HUMAN@s,
> que más me da el color, la raza
> dentro tenemos SENTIMIENTOS
> que necesitan de sustento,
> Si adentro hay buenos sentimientos,
> NO se pueden quedar adentro....
>
> La amistad no cuestiona tu credo,
> a la tierra le gusta que amemos,
> sin distingo de culto y bandera,
> CASA-LUZ-TALLER- ¡ABIERTA!

El don de la Luz
Siempre presente e imprescindible

La luz manifiesta la belleza de la creación y al mismo tiempo hace posible que las cosas se vean. Sin luz no puede haber percepción visual. Todo desaparecería. Sin luz es como si las cosas no existieran.

En la transición de la oscuridad a la visión, las formas de los objetos y personas toman cuerpo y cobran vida, se perfilan sus dimensiones y contornos, se reconoce la diversidad de colores. Sin luz es imposible orientarnos. Caminar y no tropezar. Por eso decimos que es imprescindible, siempre constante y omnipresente.

"La luz brilla por su claro resplandor, ilumina los contornos en su difusión y da fisonomía a las cosas. Después de la noche oscura, cada mañana amanece con la luz del nuevo día. Al romper la oscuridad de la noche, la luz despierta fascinación y alegría. Es símbolo de vida, felicidad y esperanza." (Casiano

Floristán. *Celebraciones de la comunidad.* Santander: Sal Terrae. 1996:723;10. *Palabras clave sobre símbolos cristianos.* Estella: Verbo Divino. 2005:239).

La dualidad luz y oscuridad, el cambio cosmológico más elemental que vive cada día una y otra vez el ser humano desde que despierta rodeado por la luz del nuevo amanecer, se encuentra en todas las religiones, y ha influido en la vida espiritual de todas las culturas.

(Cf. Manfred Lurker. *El Mensaje de los símbolos. Mitos, culturas y religiones.* Barcelona: Herder. 1992:95-106).

Muchos mitos (búsqueda humana del sentido), como por ejemplo los de Ormuz y Arimán (en la antigua religión mazdeista), describen la creación a partir de la aparición "primogénita" de la luz desde el seno de la oscuridad, y la transformación del caos primordial, en un cosmos inundado de luz.

En la tradición Bíblica la creación de la luz se narra con gran belleza poética. Es uno de los textos más hermosos de la literatura universal.

Así lo comenta Xabier Pikaza (*Nueva Biblia de los pobres.* Bilbao: Desclée.1991:16-16).

Venciendo el caos de la nada y al vacío del principio ha creado Dios un cosmos, que brota por la fuerza de su Espíritu a través de su Palabra.

Dios dice "¡Hágase!" y de esta forma a través de su Palabra (*dabar*) soberana van surgiendo cada una de las realidades. Las hace existir sobre el fondo de la nada como una "*masa informe y caótica*" *[tohû wabohû] (Gn 1:2-3),* confusión y vacío.

Sobre el caos sobrevuela el Espíritu de Dios como Espíritu de Vida que se expande para hacer que surjan las cosas y lo que era *nada* se convierta en hermosura, vida, cosmos.

El Espíritu es aliento, respiración, es vida que se expira y se inspira, suscitando espacios de sentido y realidad sobre el mismo caos del principio.

La Luz surge como primera creatura, fundamento y clave de todas las restantes.

La Luz en el cosmos-creación de Dios, brota por la fuerza del Espíritu de Dios a través de su Palabra.

La Luz es aquello que Dios quiere y dice con ella. Dios es ante todo creador que suscita vida y luz en torno suyo.

La Luz se mantiene viva porque el mismo aliento de Dios la vivifica.

La Luz que sale de sí mismo, se expande en oleadas de luz y claridad.

A partir de ahí, la presencia de la luz es una constante en el largo camino que recorre la Biblia desde Génesis 1:1 ("En principio creó Dios...") hasta el Apocalipsis 22:21 (con el último "Amén").[4]

El fuego: origen de la religión

Los efectos del fuego, como calentamiento, iluminación, poder purificador, destrucción, hicieron que se convirtiera en un importante y ambivalente (Mircea Eliade,1907-1986) símbolo religioso. Simboliza lo divino y lo demoniaco precisamente por su capacidad de iluminar y cegar, de dar vida o destruir, de purificar y quemar.

"El fuego es el origen de la Religión" ha dicho el teólogo judío Abraham Heschel (1907-1973).

Un himno védico, así se expresa:

> ¡Oh Fuego sagrado! ¡Fuego purificador!
> Tú que duermes en el leño y subes en llamas brillantes sobre el altar, tú eres el corazón
> del sacrificio, el vuelo osado de la plegaria, la chispa escondida en todas las cosas y el alma gloriosa del Sol.

En la Biblia, el fuego es imagen frecuente para expresar el ser y la acción de Dios. Los israelitas vivieron en el Sinaí la manifestación divina del fuego, "Porque el Señor bajó a él con fuego" (Ex 19:18). Dios es el que hace "de los vientos sus mensajeros y del fuego llameante sus servidores" (Sal 104:4). Dios es un fuego devorador (Dt 4:24; Hb 12:29). Jesús pudo decir de sí mismo: "Fuego he venido a encender en la tierra y ¡cómo me gustaría que ya estuviera ardiendo!" (Lc 12:49). (Cf. "El fuego" en M. de Cocagnac. *Los símbolos bíblicos*. Bilbao: Desclée. 1994:35-50).

Somos seres de Luz

El milagro continuo de la luz en la creación lo llevamos como parte constituyente en nuestro cuerpo, corazón y mente y en nuestros sueños. El poeta español León Felipe (1884-1968) recoge poéticamente este anhelo humano de la luz a través de la trilogía *sueño-viento-luz*.

¡SOÑAR, SEÑOR, SOÑAR!

Hazme soñar... ¡Soñar, Señor, soñar!...
¡Hace tiempo que no sueño!
Soñé que iba una vez –cuando era niño todavía,
al comienzo del mundo–
en un caballo desbocado por el viento,
soñé que cabalgaba, desbocado, en el viento...
que era yo mismo el viento...
Señor, hazme otra vez soñar que soy el viento,
el viento bajo la Luz,
el viento traspasado por la Luz,
el viento deshecho por la luz,
el viento fundido por la luz,
el viento..., hecho Luz...
Señor, hazme soñar que soy la Luz...
que soy Tú mismo, parte de mí mismo...
y guárdame, guárdame dormido,
soñando, eternamente soñando
que soy un rayito de Luz de tu costado.

León Felipe (1884-1968)
(C. Floristán, 1996: 585)

"Tod@s somos seres de luz", escribe el teólogo Leonardo Boff, quien amplia:

> "Fuimos formados originalmente en el corazón de las grandes estrellas rojas, hace miles de millones de años. Llevamos luz dentro de nosotros, en nuestro cuerpo, en el corazón y en la mente. Sobre todo, la luz de la mente nos permite comprender los procesos de la naturaleza y penetrar en lo ínti-

mo de las personas, hasta en el misterio luminoso de Dios".

La luz – continúa Boff - es uno de los mayores misterios del universo… Hoy sabemos que los seres vivos emitimos luz, biofotones, a partir del ADN de las células. Por eso irradiamos un aura.

No sin razón la luz y el sol se han convertido en símbolos fuertes de todo lo que es positivo y vital. El sol radiante es visto como el gran arquetipo del héroe y del luchador que vence las tinieblas con los monstruos que eventualmente se esconden en ellas. Su aparición cada mañana es un milagro, una novedad, pues siempre es diferente. Es un teatro cósmico que desde el principio comienza como si Dios dijese al sol cada mañana:

«Vamos, ¡hazlo otra vez!
¡Vuelve a nacer!
Irradia tu luz sobre todos y en todas las direcciones».

En la mayor parte de los pueblos existía el temor de que el sol tal vez pudiese ser tragado por la oscuridad y no volviese a nacer y a iluminar la Tierra y a cada uno de nosotros.

Se crearon rituales y fiestas que celebraban la victoria del Sol sobre la oscuridad. Por ejemplo, la fiesta romana del «Sol Invencible» [*Sol Invictus*], que posteriormente dio origen a la celebración de la navidad cristiana, la fiesta del nacimiento del verbo encarnado, llamado «el Sol de Justicia» (Mal 3:20).

Las fiestas de junio con sus hogueras tienen tras ellas la experiencia del sol, pues tiene lugar el solsticio (de invierno en Sur, de verano en el Norte).

Se tenía, y se tiene todavía hoy la experiencia emocionante de que el Sol, con sus rayos de luz, nace como si fuera un niño. A medida que sube en el firmamento va creciendo como un adolescente hasta llegar a la edad adulta al mediodía. Por la tarde va languideciendo y envejeciendo, hasta morir tras la línea del horizonte.

Pero, pasada la noche, vuelve a nacer, limpio, brillante, sonriente como un niño. ¿Cómo no celebrarlo festivamente? ¿Cómo no entenderlo como signo de la Realidad origen de todas las cosas?

De hecho, es una imagen poderosa de Dios, como lo cantó San Francisco en su «Cántico al Hermano Sol: "que alumbra, y abre el día, y es bello en su esplendor, y lleva por los cielos noticia de su creador".

Ninguna metáfora de Dios es más poderosa que la de la luz y la del Sol. La experiencia de la luz surge desde la palabra <<Dios>>: ésta deriva de la palabra *di* del sánscrito, que significa brillar e iluminar. De *di* viene «día» y «Dios», como expresión de una experiencia de luz y de iluminación.

El salmista lo cantó con confianza "Dios es mi luz y salvación. ¿De quién he de temer?" Sal 27:1; "En tí está la fuente de la vida, y en tu luz veremos la luz" Sal 36:10. La 1 Carta de Juan, afirma claramente: «Dios es luz» (1Jn 1,5). *(Columna semanal02-22-2008:http://www.servicioskoinonia.org/boff/).*

Desde la fe, la luz brilla más

"Para quien tiene fe,
todas las cosas empiezan a brillar"
Pierre Teilhard de Chardin SJ (1881-1955)

La presencia de la luz constante en las páginas de la Biblia, se enmarca entre dos polos referenciales: desde la mañana del primer día de la creación (Gn 1:3-5) hasta el atardecer de la historia según el Apocalipsis. Con la irrupción del esplendor de la nueva creación: el cielo y la tierra nueva, ya no será necesaria la luz cósmica del sol, ni la luz humana de lámparas o candelabros, porque Dios mismo será su *luz perpetua.* (Ap 21:23-25; 22:5). (Cf. 2 Ped 3:13). (Cf. Xabier Pikaza. *Apocalipsis.* Estella: Verbo Divino. 1999)

La presencia de la luz manifiesta: *la vida, la alegría, el bienestar, la salvación, la paz, la bendición, la presencia de Dios, su guía, el fuego del Espíritu, el Día del Señor*. La oscuridad representa todas aquellas realidades negativas que actúan a "contra luz". Representan el reverso de la luz. (Cf. Primo Gironi "luz/tinieblas" en P.Rossano/G.Ravasi/A.Girlanda. *Nuevo diccionario de teología bíblica*. Madrid: Paulinas. 1990:1077-1084).

> "Al principio creó Dios los cielos y la tierra…
> y la oscuridad cubría la superficie del Océano…
> y Dijo Dios: ¡Que exista luz!
> Y la luz existió.
> Y vio Dios que la luz era buena y estableció
> Dios separación entre la luz y la oscuridad.".
> (Gn 1.3-4).

Desde muy antiguo —subraya Xabier Pikaza— ha sorprendido el lenguaje poético de este relato del Génesis, la primera gran palabra originaria de Dios en la mañana de la creación. *La primera obra de la creación de Dios es luz*. Antes que el agua superior, antes que el cielo, la tierra y todos los seres vivos, Dios creador de todo cuanto existe, hizo la luz como señal primera de su vida abierta en gracia hacia los seres humanos. (*Nueva Biblia de los pobres; Dios judío Dios cristiano: El Dios de la Biblia*. Estella: Verbo Divino. 1996:19-33).

Salmo de la Luz

(La composición de este salmo [=canto, himno o alabanza] la hemos basado en los textos que en el libro de Salmos proclaman la Luz de Dios. Los salmos son poesía y oración nacida desde la experiencia de fe vivida cotidianamente. Son una síntesis de todo el Antiguo Testamento, su condensación teológica y espiritual).

¡Aleluya! ¡Alabado sea nuestro Dios!
Bueno es darte gracias y cantar salmos a tu Nombre,
proclamar por la mañana tus misericordias
y durante la noche tus fidelidades. (92:2)

¡Grande eres, nuestro Dios! (104:1)
Te has vestido de belleza y esplendor,
te has envuelto en un
manto de luz. (104:2)
¡Cuán asombrosa y sublime es para nosotr@s
tu presencia luminosa!
No la podemos comprender.
Ni aún la tiniebla es oscura para ti,
la noche es clara como el día (139:12)
¡Tú eres nuestra luz y salvación! (27:1)
por eso no temeremos oscuridad alguna,
aún si atravesamos el más oscuro de los valles. (23:4)
¡Porque Tú estás siempre con nosotr@s!
¡Eres nuestra fuerza, roca y amparo, Nuestro
liberador, refugio y escudo. (18:03)

¡El Dios que siempre nos ilumina!
Porque en verdad Señor,

¡Tú enciendes nuestra candela!
¡Tú alumbras nuestra oscuridad! (18:29)
Quienes te Contemplan
Quedarán radiantes de esplendor (34:6)

Bienaventurado el pueblo que siempre
camina, a la luz de tu rostro (4:7)
en la luz de tu Palabra:
antorcha para nuestros pies,
luz para nuestro camino. (119:105)

Dios, nuestra luz y salvación, (27:1)
Tú que has prometido guiarnos de generación en
generación, (90:1; 119:90)
Envía siempre tu luz y tu verdad
y que ellas nos conduzcan hacia ti! (43:3)
Así caminaremos a la luz de tu rostro. (89:16)

Porque en Ti, Oh Dios
　　está la fuente de la Vida
　　y por tu luz podemos ver la luz. (36:9)
　　　¡Porque es eterno su amor! (136:1-26). Amén.

Cerramos este "Salmo de la Luz" con una paráfrasis del Salmo 85:10-11:

La luz habitará nuestra tierra-casa
La misericordia y la paz
se encuentran
La vida y la luz se besan
La luz fluye desde la tierra
y la vida resplandece desde lo alto.

El candelabro de Dios
(La Sagrada Menorá)

Aporte tomado del querido y sabio maestro Xabier Pikaza Ibarrondo (*"Luz de Dios: el candelario de los siete brazos" Nueva Biblia de los Pobres. 1991:96-100. http://blogs.periodistadigital.com/xpikaza.php*)

Iluminación Bíblica: Textos Fundamentales: Ex 25:31-40; 37:17-24; Lev 24:2-4 (el candelabro sagrado). Textos complementarios: Sal 104:2; Sab 7:26; 18:1 ss. (Luz de Dios); Jn 8:12; 9:5; 12:46, (luz de Cristo)

La LUZ/MIRADA griega y la PALABRA/ESCUCHA israelita

Se dice que *los griegos* han desarrollado el valor de la luz y la mirada. La realidad originaria es para ellos una «idea», algo que aparece ante los ojos. Lógicamente el ser humano se concibe como ser contemplador: mira y comprende lo que el mundo le presenta.

Ciertamente, el griego sabe conversar y reconoce el valor de la palabra que se escucha, pero ella le parece secundaria. Lo que importa es lo que brilla: aquello que se muestra y que nosotros descubrimos en la idea, a través de la mirada.

Dios mismo se desvela según esto en la armonía sagrada de un mundo que es «cosmos»: en la luz que resplandece en el conjunto de las cosas. Por el contrario, se dice que *los israelitas* destacaron de manera preferente el nivel de la palabra que se escucha.

Ellos rechazan las imágenes sagradas, los ídolos que afectan a los ojos y se ven por la mirada y desarrollan el valor de la palabra interpretada como mandamiento de Dios para los seres humanos: «Yahvé os habló de en medio del fuego; vosotros oíais rumor de palabras, pero no percibíais figura alguna sino sólo su voz» (Dt 4:12).

Por eso, en la experiencia israelita la palabra no corresponde a la «idea» (aquello que se mira) sino al *mandato o conversación* (aquello que se acoge y comparte en diálogo o alianza).

A pesar de eso, el Antiguo Testamento también conoce y acentúa el valor de todo aquello que se mira. Significativamente, la primera creatura que brota de la «palabra» de Dios es la «luz», Dios mismo se revela de esa forma como luminoso y capacita a los humanos para ver sobre la tierra (cf. Gen 1:3-5).

Por eso, el culto de Dios, que está centrado en la proclamación y escucha de la palabra de Dios, ha recibido como símbolo fundante el candelabro de las luces, la sagrada *Menorá* que alumbra ante el altar del templo, como signo permanente de la luz de lo divino.

Comentario bíblico-teológico

Tradición israelita: Antiguo Testamento. Entre los símbolos sagrados del culto religioso de Israel hay uno que ha quedado grabado para siempre en la conciencia del pueblo: la Menoráh o candelabro de los siete brazos. (Cf. J. Maier y P. Schafer. *Diccionario del Judaísmo*. Estella: Verbo Divino. 1995:273).

El texto bíblico originario dice:

Harás también un candelabro todo moldeado a martillo y de una sola pieza. Todo debe ser de oro puro incluyendo las flores que lo adornan. El tronco tendrá cuatro flores de almendro, y de las tres flores inferiores saldrán seis brazos; tres a un lado y tres al otro. De la flor superior saldrá el brazo central. Cada brazo estará adornado con tres flores de almendro y llevará una lámpara, así que el candelabro tendrá siete lámparas en total. Las lámparas también tendrán forma de flor de almendro y deberán alumbrar hacia el frente. Ex 25:31-40. (Cf. Ex 37:17-24 y Lev 24:2-4). (Traducción de la Biblia en *Lenguaje Actual*. Sociedades Bíblicas Unidas 2004).

Conforme a la tradición israelita, Moisés hizo construir el candelabro de los siete brazos (tres a la derecha, tres a la izquierda, uno en el centro). Después lo colocó delante del tabernáculo de Dios, de manera que sus lámparas se hallaran siempre luminosas y brillantes ante el gran misterio del Altísimo que habita entre los seres humanos.

En el candelabro podemos distinguir varios simbolismos.

- ***EL Primero es el árbol de la vida***. Con palabras cuidadosas, litúrgicas, precisas y repetitivas, el autor sagrado lo presenta como un árbol, mejor dicho, como el árbol de las siete ramas: cada una de ellas termina en una copa-flor, con el fruto de su cáliz y corola abiertos hacia el cielo inmenso (que es la luz de Dios entre los humanos).

- ***El segundo*** es el ***árbol de Dios o de la Vida*** que Dios mismo puso en medio del jardín original, del paraíso (cf. Gen 2:9.24).

Por un lado, los creyentes de Israel, hij@s de Adán, saben que han sido expulsados del jardín, de manera que no pueden ya gustar los frutos de la vida (cf. Gen 2:24). Pero saben, también, que la verdad y contenido de aquel árbol de Dios se halla en el templo donde brilla su presencia entre los seres humanos.

- ***EL tercero* es el *árbol de vida de los humanos*** que ellos ponen y mantienen encendido ante su Dios, en culto reverente, día y noche.

El candelabro es Israel, la lámpara encendida del pueblo que mantiene su fidelidad ante el misterio de Dios, en actitud de Alianza.

- ***EL cuarto* es *signo de la luz de Dios y de los humanos***. Es luz de Dios: el fuego primigenio de la creación que alumbra desde el templo. Quizá pudiéramos citar aquí la gran palabra originaria: «*Dijo Dios: ¡que exista luz! y la luz existió Y vio Dios que era buena*» (Gen 1:3-4).

La primera creación de Dios es luz. Antes que el agua superior, antes que el cielo, la tierra y los vivientes, Dios hizo la luz como señal primera de su vida abierta en gracia hacia los seres humanos (cf. también Jn 1:1-4).

Por eso, el primer signo de Dios, a la puerta sagrada de su templo ha sido el candelabro de la luz perpetua. Esta es, a la vez, luz de los seres humanos.

Ellos tienen que encenderla y mantenerla así encendida, para que arda «de la noche a la mañana, en la presencia de Yahvé, como ley perpetua» (Lev 24:3-4).

El pueblo israelita se ha visto reflejado en este candelabro de los siete brazos. Siete es signo de totalidad: son los astros del cielo y los días de la semana; son el cosmos entero que por medio de Israel eleva ante su Dios la luz de la fidelidad y la alabanza.

Re-lectura cristiana de la simbólica de la luz y la Menorá

El candelabro bíblico no es sólo signo de Israel. Es signo primordial cristiano, como ha sabido destacar ApJn en su preciosa liturgia de misterio, de entrega y alabanza.

Candelabro es el Espíritu de Dios abierto como siete brazos de luz-vida hacia los seres humanos. Candelabro es la existencia misma de la iglesia, extendida hacia el misterio de Dios como luz de siete lámparas:

Juan a las siete iglesias de Asia. Gracia y paz a vosotros de parte del que es, era y vendrá; de parte de los siete espíritus que están delante de su trono; y de parte de Jesucristo, el testigo fiel (ApJn 1:4-5). Vi siete candelabros de oro y en medio de ellos uno «como Hijo del Humano»... Con la mano derecha sostenía siete estrellas... Este es el simbolismo de las siete estrellas y los siete candelabros: las estrellas simbolizan los ángeles de las siete iglesias, los candelabros las siete iglesias (ApJn 1:12-13,16-20). Del trono de Dios salen relámpagos, estampidos y truenos: ante el trono arden siete lámparas, que son los siete espíritus de Dios (ApJn 4:5).

- *El candelabro de los siete brazos (o los siete candelabros) se convierten de esa forma en signo del Espíritu de Dios.*

Simbólicamente podemos hablar de siete espíritus. Pero, en sentido más profundo, sabemos que ellos forman el único Espíritu de Dios que está presente, por medio de Jesús, en todo el mundo (con sus siete brazos, con los siete dones, con los signos de su amor y su presencia).

- *El candelabro de los siete brazos se convierte en Signo de la comunidad de fe llamada iglesia.*

Al mismo tiempo, ese candelabro de Dios son las siete iglesias que manteniéndose distintas (cf. ApJn 1-3), expresan y realizan las iglesias de Dios sobre la tierra. De esta forma, el culto de Dios, que antes venía a reflejarse en la lámpara encendida, se realiza ahora por medio de la vida de las iglesias. Dios y el ser humano se han unido para siempre en el misterio de este candelabro del Espíritu de Cristo: luz de Dios y vida de los seres humanos se unifican, en un gesto gozoso de alabanza y gloria, en una vida que ha de estar abierta al compromiso de Jesús sobre la tierra (cf. ApJn 2-3).

Síntesis de la lectura bíblico teológica

1. Conforme a la tradición judía, el pueblo de Israel ha sido creado para reflejar y expandir la luz de Dios sobre la tierra. (Cf. Is 60).

2. El Nuevo Testamento aplica esa temática a Jesús y a la comunidad de cristian@s. Los cristianos son la luz del cosmos, como ciudad que está elevada sobre el monte y que transmite así la bendición y luz de Dios a las restantes ciudades de la tierra (cf. Mt 5:14).

Ellos pueden serlo porque el mismo Jesús es la luz que alumbra a todo ser humano que viene a este mundo (cf. Jn 1:4-5; 8:12; 9:5; 12:46). Luz es la vida de Jesús y la de aquellos que le siguen en la búsqueda "del reino y su justicia" (Mat 6:33).

En esta línea se vinculan el Antiguo y Nuevo Testamento, el culto de Israel y el de la iglesia. Los judíos siguen venerando su querida Menorá como signo de presencia de Dios sobre la tierra. Por su parte, los cristianos cantamos en su Pascua a Cristo como luz que está simbolizada en el cirio pascual.

La Luz de una simple Candela

"Toda la oscuridad que hay en el mundo no puede apagar la luz de una simple candela".
Atribuido a S. Francisco de Asís (1181-1226)

La candela es portadora de energía iluminante, signo de alumbramiento y claridad. La luz de una candela con su llama azul-naranja ha permanecido ligada durante siglos a la experiencia de la vida cotidiana. Diversos e importantes son estos momentos, tanto en la vida personal como comunitaria. Así por ejemplo, el nacimiento de un niñ@, la celebración de un cumpleaños, la memoria de un ser querido ausente, el encuentro de dos personas que se aman, la despedida de un amigo que ha partido.

La candela no obstante su fragilidad material, posee una luz que perdura y aunque se apaga una y otra vez, no muere pues *siempre vuelve a la vida*. Al encenderse de nuevo es como si nunca se hubiera apagado. Al trascender la luz de su materialidad ardiente, la candela impulsa y abre al ámbito del Misterio, la gratuidad de Dios como insondable misterio de luz, *"cuyas playas están en todas partes, pero cuyo fondo no se halla en ninguna parte"*. (Maurice Blondel, 1861-1949).

La luz de una candela nos acompaña en tiempo de meditación y de oración, y en las celebraciones litúrgicas propias de la vida de fe: al encender las candelas de la corona de adviento (Cf. Santiago Uribe. *Navidad es Luz. Bogotá*: San Pablo. 2003), el cirio bendecido en la liturgia de la luz de la solemne vigilia Pascual, en el ritual bautismal, matrimonial o funerario. Tenemos noticias de que en la iglesia antigua, al menos desde el siglo IV (C.Floristán, 2005:261) los cristianos utilizaron candelas, candelones, candiles, cirios, lámparas y antorchas, como símbolos de la luz de Dios, la luz de Cristo, la luz de la Palabra de Dios, la luz de la comunidad de los discípul@s de Jesús, el fuego encendido del permanente pentecostés del Espíritu.

La candela con su luz se ha constituido, por derecho propio, en un símbolo ecuménico enraizado en la dimensión espiritual de la vida. No por oposición dualista a la "vida material" humana, sino en el enriquecedor sentido paulino de la vida liberada "según el régimen del Espíritu… ya que el Espíritu de Dios habita en nosotr@s"(Rom 8:2,9). "Vida guiada *según* el Espíritu" (Gál 5:14-25). *"Si vivimos gracias al [régimen del] Espíritu, actuemos conforme al Espíritu"*. (Gal 5:25).

La luz de la candela por pequeña que sea
  Invita a la meditación,
    Enriquece la oración.
      Hace crecer la disposición hacia la paz

La luz de la candela expresa: Comunión, Cercanía, Intimidad, Profundidad, Fraternidad-Ternura,
      Diversidad,
        Solidaridad, Fidelidad.
Y se convierte en ocasión propicia de:
    Silencio y comunicación
      Encuentro y meditación
        Presencia y trascendencia
        Memoria y profecía.

La luz de la candela está al alcance de Tod@s.
Tod@s podemos encender una candela.

¡Hoy es el mejor día para encenderla!

Sólo existen dos días en el año en los que no podemos encender una candela: uno se llama *ayer* y el otro *mañana*. Todos y todas podemos participar de la alegría de encender una vela y recibir agradecidos el don de su luz.

La luz de la candela al ofrecer generosa su luz nos recuerda su noble misión: ¡ser siempre portadora de Luz!

A pesar de ser transitoria, la luz de la candela siempre vuelve a la vida. Y al encenderse nuevamente es como si nunca se hubiera apagado.

Encender una Candela

Desde el principio las candelas han sido hechas para ser encendidas y ofrecer generosamente su luz. No han sido hechas para ser coleccionadas o como motivo ornamental. Una candela encendida lucirá siempre más bella. Esa es su tarea, la razón de su vida: ***¡Ser portadora de Luz!***

Es por eso que las candelas siempre nos dicen ***¡rogamos que nos enciendan!***

Parábola del fósforo y la candela

Cierto día el fósforo le dijo a la candela:
 tengo la misión de encenderte.
¡Oh, no!
 respondió asustada la candela
Si me enciendes, mis días estarán contados.
Ya nadie verá la belleza de mi forma y color.

LA LUZ DE UNA SIMPLE CANDELA

El fósforo, entonces, preguntó a la candela:
    ¿Quieres permanecer el resto de tu vida
        fría, dura, y sin haber ardido?

    ¿Pero arder?

Eso duele y consume mi fuerza,
murmuró la candela, temblorosa y llena de miedo.

Tienes razón respondió el fósforo-Pero ese es el
misterio de tu vida, y el de tu noble misión.
Tú y yo fuimos llamados a ser LUZ.
Lo que yo puedo hacer como fósforo es muy poco.
Pero al pasar mi fuego hacia ti,
cumplo con el sentido de mi vida.
Me hicieron precisamente para eso,
para encender el fuego.
Tú eres candela
Tu misión es alumbrar, irradiar LUZ.
Cuando te consumes,
tu dolor y tu energía se transforman en luz y calor,
por eso te necesitamos y no te vamos a olvidar.
Otras candelas llevarán hacia adelante la luz,
pero si tú te rehúsas,
morirás y serás olvidada.

La candela, en ese mismo instante,
    - apuntando firmemente hacia su pabilo -
le dijo al fósforo:
    ¡Te ruego que me enciendas!

(Relato del Pastor Luterano Nilton Giese/ Brasil, Mayo de 1995)

Esta original parábola muestra la paradoja presente en el evangelio de Juan a través de la metáfora –tomada de la vida cotidiana del campo– del grano de trigo que cae en tierra y muere para metamorfosearse fecundo en vida. Es cuando se abre su corazón y produce muchos granos semejantes. La muerte de la semilla es la condición para convertirse en vida y dar fruto. Hay que encenderse (Jn 12:24) para ser luz, no para sí mism@s, sino para otr@s, hasta los rincones más oscurecidos de la casa.

Oración al encender una candela

Encendemos agradecidos esta candela
  con fe y esperanza.
Damos gracias
  por la luz que viene de Dios.
Que la suave luz de esta candela
  nos recuerde
  que siempre busquemos a Dios
  fuente de nuestra luz (Sal 27:1).
y en cuya luz, vemos la luz (Sal 36:9).

Tú que vives en la Luz
  haz resplandecer sobre nosotr@s
    «la luz de tu rostro» (Num 6:24-26)
      y guíanos por caminos de paz y justicia.

La llama en flor ardiente de una candela

> "En la llama en flor de una candela están activas todas las fuerzas de la naturaleza".
>
> Novalis (1772-1801).

Parecería —la afirmación de Novalis— un desborde de fantasía e imaginación poética. Pero no lo es en modo alguno. Su afirmación es una fiel constatación desde lo real, nacida del contemplar la llama y disfrutar su inspiradora compañía. *La cera, el pabilo, el fuego y el aire,* se con-juntan en admirable síntesis de elementos de la naturaleza; en la profunda interrelación de todo, para ofrecernos el milagro de la luz ardiente en la llama de la candela, "que nos otorga la gracia de la comunicación ética con el mundo". (Gaston Bachelard. *La llama de una candela.* Caracas: Monte Avila. 1975:26).

Deudores de la luz eléctrica en la cotidianidad de la vida, enceguecidos por una multitud de soles ajenos producto de la cultura científico- técnica-instrumental,-

como la luz química del neón-, la luz de una candela ya no atrae y encanta como en otras épocas. Ignoramos con facilidad la belleza de su llama, la fascinación que brota en la contemplación de su luz siempre en verticalidad ascendente. Ya no mueve su impulso para caminar en el ámbito del Espíritu, en los verdes prados de la meditación. Se ha debilitado la vivencia de la espiritualidad de la vida, distorsionada por la religión institucionalizada, e invisibilizada en la cultura occidental sometida a "la lógica idolátrica de la carne" (Pablo) con sus falsos dioses del éxito, el dinero, y la fama, al precio del individualismo, la soledad y el "vacío interior".

La Llama que me Llama

Vivencia personal de la riqueza que ha sabido inspirarnos con su sola presencia, la más simple de las llamas

Durante largo tiempo la tuve ante mis ojos.
Y al mirarla
me fascinaba su cuerpo iluminado
siempre en callado movimiento
sobre la cima de mi candela encendida.

Disfrutaba silencioso en mi penumbra
el vivo resplandor de tu pequeña luz,
revestida con el color de las naranjas.

La noche se prolongó y tuve tiempo para meditar
Me Inspiras
con tu energía desplegada en LUZ
libre,
en verticalidad, frágil,
enderezándote valiente
cuando el viento
al perturbarte
buscaba apagarte.

Me mueves con tu LUZ,
en ritmo ascensional,
a colmar Mi Sed De Luz
en apertura agradecida,
ante la belleza del Misterio Inefable
<la Luz de toda luz>

Y cuando al fin
llegó el momento de decirnos adiós,
distante o apagada,
me acompaña tu luz
que ha dejado huella
en la hondura de mi corazón.
Por ti ILUMINADO.

La llama de la candela invita a su contemplación. Enciende y provoca la imaginación. Posee gran capacidad generadora de imágenes. De ahí la riqueza metafórica que inspira y la fuerza de su simbolismo.

En la Biblia, el <<Cantar de los Cantares>>, esa colección de poemas que celebran el amor humano, rico entramado de eros, poesía, gozo, naturaleza, espíritu y vida, compara el amor con la llama. "El amor es más fuerte que la muerte…Sus *llamas* son flechas de fuego, intensas. Los océanos no podrán apagarlas, ni los ríos extinguirlas" (8:6-7).

Desde tiempos muy antiguos, particular importancia ha tenido la experiencia de la mariposa y su sacrificio en la llama ardiente. En el libro *Bhágavad-guitá* o *El canto del bienaventurado* (11:29) (texto sagrado del hinduismo, escrito entre el siglo V-II, AEC (=*Antes de la Era Común*), ya encontramos memoria de la mariposa quemándose en la candela. Volando hacia la luz, la mariposa se arroja en su brillante llama y al momento de tocarla, es consumida.

G. Bachelard en sus reflexiones sobre *La llama,* recoge el "canto de la polilla" que intenta alcanzar el sacrificio supremo, al morir fundida en la llama. Es algo así como una visión metafórica del amor desgarrado del mistic@ y su ansia desbordante de fundirse amorosamente en uno solo: morir por amor, en el amor, como la mariposa en la llama. "Amado con amada, amada en el amado transformada". S. Juan de la Cruz (1542-1591). (Cf. X.Pikaza. *El "Cántico espiritual" de San Juan de la cruz*. Madrid: Paulinas.1992:95-418).

<Deseaba ir hacia la llama ardiente. Sólo soñaba con vos cuando fui crisálida. Frecuentemente miríadas de mis semejantes morían volando hacia algún débil resplandor que emanaba...Pero mi último esfuerzo, así como mi primer deseo, tendrá como último fin aproximarme a tu gloria.

Entonces, habiéndote entrevisto en un instante de éxtasis, moriré contenta, ya que, aunque por única vez, habré contemplado en el esplendor perfecto de la llama, la fuente de belleza, de calor y de vida>

(Bachelard, 1975:51).

Retomemos un sencillo y anónimo relato parabólico al parecer de origen oriental, con el propósito de enriquecer los aportes de la reflexión teológica desde la luz de una candela.

──── Parábola de las mariposas y la luz

Fue durante una noche muy oscura, con presagios de lluvia tropical, en que no se percibía ni luz de luna, ni de estrellas, cuando las mariposas decidieron preguntarse *¿Qué es la luz?* ¿Por qué nos atrae y despierta fascinación y alegría? Unas a otras se decían: "conviene que nos informemos bien". Las mariposas decidieron arriesgarse y acercarse al fuego, siempre fascinante. Muy despaciosamente se marcharon hacia una antigua y pequeña choza, afincada en lo alto de una colina allá por las verdes y lluviosas montañas de San Romero de América.

La primera mariposa vio dentro de la choza que en una mesa de cenízaro, iluminaba la estancia una hermosa candela anaranjada, con su llama viva en flor. Temerosa la mariposa se mantuvo mirándola de lejos, a través de las ventanas. Al regreso narró sus impresiones de acuerdo con lo que había podido ver. La sabia mari-posa que presidía el convivio le respondió: "Aún no sabes que es la luz".

La segunda mariposa entró en la pequeña choza, vio sobre la mesa la luz de la candela. Se acercó curiosa a la llama, pero al igual que la primera mariposa, se mantuvo alejada de su llama. Al regreso narró entusiasmada su encuentro con el fue-

LA LLAMA EN FLOR ARDIENTE DE UNA CANDELA

go y su pequeño puñado de secretos. La sabia mariposa, no quedó satisfecha y le respondió: "Tu relato no aporta algo nuevo a los otros anteriores".

La tercera mariposa, una vez dentro de la pequeña choza enmontañada, fue más arriesgada. Se dirigió directamente hacia la candela, batiendo con determinación sus alas, en la parte más elevada sobre la llama siempre ascendente. Extendió las patitas y la abrazó, perdiéndose en ella alegremente. Su cuerpo al instante se tornó iluminado, como la llama, envuelto totalmente por el fuego. Cuando la sabia mariposa que presidía vio a la mariposa fundirse en el fuego ardiente de una sola llama, al punto de llegar a ser del mismo color azul naranja de la llama, exclamó admirada:

> *"Ahora ya sabes bien lo que es la luz. Sólo tú has logrado alcanzar la meta, te acercaste al fuego hasta fundirte y confundirte con la llama, porque estuviste dispuesta no sólo a contemplarla, sino acercarte y arder. Ahora ya conoces por experiencia propia lo que es la luz, porque te hiciste parte de la llama ardiente de la candela..."*

La enseñanza de la parábola es clara: no basta acercarse a la luz y contemplarla para quedar iluminados. Si deseamos ser parte de la luz, *es necesario arder*. Arder desde dentro, cuerpos encendidos, en la médula del hueso, zarzas ardientes, hogueras de Pentecostés, encendidos por el fuego del Espíritu.

Benjamín González Buelta así lo ha expresado con gran belleza en su poema-oración: *"Luz desde dentro"*. (CFloristán, 1996:408-409).

Señor, Tú no nos llamas
a iluminar las sombras
con frágiles candelas
protegidas de los vientos
con la palma de la mano,
ni a ser puros espejos,
que reflejan luces ajenas,
trémulas estrellas
dependientes de otros soles
que, como amos de la noche,
hacen brillar las superficies
con reflejos pasajeros a su antojo.

Tú nos ofreces ser luz desde dentro (Mat 5:14)
cuerpos encendidos con tu fuego inextinguible
en la médula del hueso (Jer 20:9)
zarzas ardientes en las soledades del desierto
que buscan el futuro (Ex 3:2)
rescoldo de hogar que congrega a los amig@s
compartiendo pan y peces (Jn 21:9)
o relámpago profético que rasgue la noche
tan dueña de la muerte.

Tú nos ofreces ser luz del pueblo (Is 42:6)
hogueras de Pentecostés
en la persistente combustión de nuestros días
ENCENDIDOS POR TU ESPIRITU;
Ser lumbre en Ti
Que eres la Luz,
Fundido inseparablemente
de nuestro fuego con tu fuego.

El símbolo es lenguaje del Misterio

El símbolo hace presente el misterio.
Transforma así el ser natural de las cosas (ontofanía)
en revelación del misterio (teofanía)
y su presencia amorosa
en su pasión por el mundo.

Recordemos -nos advierte Gustavo Gutiérrez (1928)- que en la perspectiva bíblica **misterio** no significa enigma y menos aún un problema irresoluble. Se trata más bien de *una realidad mayor en la que [estamos inmersos] nos envuelve* que por ello escapa a nuestra plena comprensión... El Misterio no está reservado a unos iniciados, debe ser comunicado a tod@s. (*Compartir la Palabra*. Lima: CEP.1995:65).

La razón participa de una cualidad esencial. Tiene límites. No vivimos en el mundo "sin límites" de la propaganda comercial. La razón no lo es todo, no lo explica todo. Cada vez tomamos mejor conciencia lúcida de nuestra pequeñez humana, de nuestra finitud constitutiva.

Nuestra casa tierra "nunca ha sido el centro de nada en la inmensidad del cosmos" *(Franklin Chang Díaz. Astronauta costarricense)*. Ni siquiera somos el centro de nuestro sistema solar. Estamos ubicados en una subregión periférica en uno de los brazos de la espiral de nuestra galaxia, cerca del borde, a más de 25 mil años luz del centro de la vía láctea. (Se estima que existen más de cien mil millones de galaxias en el universo observable). *(http://es.wikipedia.org/wiki/Galaxia)*. ¡La fascinante *Galaxia NGC 3370* tan parecida a la nuestra, se encuentra a 100 millones de años luz! Somos un "pálido punto azul" de luz *["Pale Blue Dot"]* - como lo llamó el astrofísico Carl Sagan (1934-1996)- casi imperceptible debido al fulgor del sol, suspendido como un grano de arena del infinito océano cósmico. (*www.es.wikipedia.org/wiki/un_punto_azul_palido*)

Los teólogos occidentales seducidos por el *lógos* griego incursionaron por caminos filosóficos hacia el Dios metafísico. Hoy día nos enfrentamos al hecho de que estas enormes construcciones sistemáticas están en crisis, y los caminos especulativos se tornaron intransitables. (Cf. J.A. Estrada. *Imágenes de Dios*. Madrid: Trotta. 2003:265-309). Atropellando el Misterio en nombre de la racionalidad absolutizada, se ha intentado analizar, definir y aclarar a Dios en todos sus detalles. *¡El misterio sin Misterio!*

Como si Dios pudiera ser objeto del análisis minucioso de un laboratorio químico o biológico o cual si fuera una compleja ecuación cuya incógnita tiene que despejar un sabio matemático.

El Dios de la luz es más objeto de esperanza que de saber racional. Situados ante el Misterio nos quedamos sin palabras adecuadas que se tornan siempre escasas e insuficientes. Es urgente, como lo señala la teóloga Ivone Gebara "recuperar la dimensión de *contemplación, la dimensión de silencio* ante el Misterio que nos rodea, que todo lo cruza y en el cual estamos inmersos". (*Las aguas de mi pozo*. Montevideo: Doble Clic. 2005:148).

"Simbolizo, luego existo"

El ser humano es "un animal simbólico" (Ernst Cassirer, 1874-1945) esto es, que toda actividad específicamente humana tiene carácter simbólico. Es factor inherente de lo humano de tal manera que no es posible concebir la vida humana sin símbolos. El símbolo existe y actúa. No es algo superficial. Apela a la totalidad del ser humano. De ahí su energía afectiva y movilizadora. Tiene un sentido mucho más vivencial, que conceptual. Por eso los símbolos tienen que ver con experiencias humanas fundamentales: el agua, la luz, el árbol, la caída, el exilio, el camino. El símbolo es expresión y comunicación de las experiencias más profundas de la vida humana: el amor, el dolor, la vida y la muerte, la esperanza, que desbordan todas nuestras palabras y *escapan al discurso racional, al dominio del logos.* (Cf. J. J. Sánchez "Símbolo" en C. Floristán/J.J Tamayo. *Conceptos fundamentales del cristianismo.* Madrid: Trotta. 1993:1296-1308).

El símbolo cumple una importante tarea humanizadora: dar sentido e identidad a la vida. "Es una fuerza de sentido que toca todos los aspectos de la condición humana y la historia... el símbolo es apertura hacia la trascendencia" (Cf.D. Irarrázaval. "Símbolo" en J.J.Tamayo (Dir). *Nuevo diccionario de teología.* Madrid: Trotta. 2005:828-836).

El símbolo reúne lo que está separado

Pero ¿*Qué es un símbolo?* Puesto que la reflexión teológica desde la luz de una candela tiene fuerte dimensión simbólica, conviene decir algo más sobre el símbolo y su riqueza, sabiendo siempre "que desbordará toda definición, se hace polisémico, libre e incómodo" (J.José Sánchez). Cuando decimos que algo es simbólico estamos inclinados a pensar marcados por una cultura dominada por la lógica de la razón instrumental, que se trata de algo irreal, superficial, o fantasioso.

El símbolo tiene un profundo sentido constructivo: no divide ni separa, sino que une e integra dos realidades. La etimología del término, que proviene del griego ***sym-ballo*** [= "poner cosas juntas"; "reunir lo disociado"], ya indica su intención.

"La palabra símbolo significa la mitad de un objeto partido (por ejemplo una moneda) que se presentaba como una señal para darse a conocer. Las partes del objeto partido (la moneda) se ponían juntas para verificar la identidad del portador". (J. Aldazábal. *Vocabulario básico de liturgia*. Barcelona: Centro de Pastoral Litúrgica. 1966:380).

Un símbolo es aquella realidad concreta -un objeto, un elemento del mundo natural (el agua, el fuego, la luz), o del mundo humano, una imagen, un gesto, una acción, un movimiento, una expresión corporal, que hace posible el encuentro-reunión en una sola, de dos realidades que están separadas. Pero sólo cuando están juntas o se recomponen, es que contienen la realidad completa. Mediante la recreación reconstrucción simbólica podemos juntar y hacer presente, cosas diferentes que están separadas o ausentes. *Lo simbólico hace que un fragmento de la realidad transparente la totalidad.* Así cuando en una casa, sobre la mesa donde se comparten los alimentos, encendemos una candela, la candela encendida se convierte en signo visible de acogida fraterna, hospitalidad, de calor humano; nos mueve a unirnos en una oración de acción de gracias por los alimentos que tan generosamente la madre tierra nos da, nos motiva para hacer memoria de los familiares que no están presentes, para ser solidarios con quienes no tienen pan ni techo.

Cuando afirmamos teológicamente desde la luz de una candela que es *símbolo* de la luz de Dios, lo que estamos diciendo, -por comparación y semejanza (analogía)- desde la vivencia de la fe, es que la candela con su luz, trasciende, va más allá de su concreta materialidad físico-química, y nos abre a una realidad mayor en el ámbito de la espiritualidad, a la luz de Dios, Luz de toda luz. Así como la candela con su luz ilumina y orienta, así Dios es la candela-cirio (II Samuel 22:29), que alumbra nuestra oscuridad, que nos hace ver la luz y quedar llenos de su luz (Cf. Sal 34:6).

Del símbolo podemos decir que es el *"lenguaje del Misterio"* (Alberto Beckhäuser). Con frecuencia recurrimos al símbolo para expresar la relación con Dios, quien es y sigue siendo Misterio. Todo lenguaje humano sobre Dios es simbólico. Tratándose del Misterio, el Misterio original, inefable, inmanipulable que permanece eternamente Misterio (Karl Rahner. *Dios con nosotros. Meditaciones.* Madrid: BAC. 1979:89-93), nuestros símbolos y lenguajes (incluyendo los tratados de teología sistemática) serán siempre limitados, precario balbuceo, atrevimiento insuficiente. Dios es siempre mayor que aquello que podamos decir de Él. Desborda todos los límites de nuestra razón.

Es aquí, cuando el símbolo viene en nuestro auxilio para expresar mejor lo vivido, lo sentido, lo creído, lo esperado. *Cuando las palabras no bastan, el símbolo viene en nuestra ayuda*. Es un hablar no pronunciando palabras, impregnado de realidad y sentido. Lo expresado simbólicamente "vale más que mil palabras". Por eso el símbolo habla por sí mismo y no tiene que ser explicado. Cuando intentamos "explicarlo" queda desfigurado.

El lenguaje del complejo y diversificado mundo de la experiencia religiosa es sustancialmente simbólico. (Cf.José María Mardones. *Vida del símbolo. La dimensión simbólica de la religión.* Santander: Sal Terrae. 2003).

En la Biblia, con sus variados y numerosos géneros literarios, (como el género profético, el escatológico, el apocalíptico), nos encontramos con acciones y lenguajes altamente simbólicos, vivenciales más que conceptuales.

En la celebración de la fe, al hacer *memoria* de los eventos fundantes de la historia de salvación, (por ejemplo el éxodo, la alianza, la creación) recurrimos obligadamente a la mediación del lenguaje simbólico.

Creer y celebrar

En la vida de la comunidad de fe se conjugan *el creer* con el corazón: acogida libre y agradecida del amor del Padre-Madre; *la confesión-anuncio* de la buena noticia del Reinado de Dios, y la *celebración,* comunitaria de la fe.

Al celebrar su fe, la comunidad hace memoria del don de la salvación, fortalece su esperanza, vivifica su amor y renueva su compromiso con el proyecto liberador del Dios de la vida. La liturgia celebra el amor de Dios, la acción santificadora e iluminadora del Espíritu y la irrupción y presencia entre nosotr@de las primicias del Reinado de Dios.

La litúrgica es celebración en la alegría del Espíritu. Es festejar comunitariamente con gestos y palabras, con ritos, danza y música, un acontecimiento, las experiencias importantes de la vida (por ejemplo un cumpleaños). Desde la vida de fe celebramos los misterios de la historia de salvación a través de gestos y acciones simbólicas. (Cf. Rom 16:25-27; 1Cor 2:7; Ef 1:9-10; 3:3; Col 1:26-27; 2:2). Pero sobre todo la presencia amorosa, solidaria, sufriente, de Dios en nuestra historia personal y social.

La celebración iluminada de nuestra fe

Estrechamente vinculada con la riqueza vivencial y movilizadora del símbolo y más concretamente con la simbólica de la luz, tenemos *la presencia de las candelas* desde muy antiguo en la celebración de la fiesta litúrgica mayor, que es el río de la vida humana y en las celebración litúrgica de nuestra fe y esperanza.

Las candelas, regalo de la naturaleza y fruto del trabajo y la creatividad humana, con su suave resplandor son símbolo de luz. La candela encendida ilumina y enciende nuestra vida y su luz es símbolo de vida, alegría, paz y esperanza.

Al dirigir la mirada hacia la luz de Dios y permitir que entre su luz, las sombras del camino comienzan a quedar atrás. La luz de la candela nos invita a seguir caminando de frente hacia la Luz, sin perder el tiempo quejándonos o victimizándonos de la oscuridad, ciertamente abundantes en nuestro mundo.

Es mejor encender una candela que ahogarse entre tanta oscuridad desmemoriados de esperanza. *No se puede sepultar la luz.* La luz de la candela encendida, está aquí, silenciosa, temblorosa, apenas tibiecita ¡Pero LUZ!

Encender Siete Candelas

Al final de cada estrofa o párrafo decimos:

> "Porque El Señor es nuestra luz y salvación.
> ¡Para siempre es su misericordia!"

Al final de cada estrofa o párrafo se ENCIENDE una candela en un candelabro de siete candelas o simplemente siete candelas de diferentes colores y formas.

AL ENCENDER y recibir la luz de esta ***primera candela*** celebramos agradecidos ante el "Padre de las Luces" la existencia de la LUZ en su creación desde la mañana del primer día "cuando hizo nacer la luz del seno de la oscuridad" como señal de su gracia-misericordia hacia nosotros/as.

> "Y dijo DIOS: -que exista la luz- Y la luz existió. Y vio DIOS que la luz era buena". (Gn 1:34).

> "Porque El Señor es nuestra luz y salvación: ¡Para siempre es su misericordia!"

Al ENCENDER y recibir la luz de esta **segunda candela** hacemos memoria del *Amor de Dios* Padre/Madre de Misericordia (2 Cor 1:3) que habita rodeado de luz y es fuente de vida y luz.

> "Y este es el mensaje que os anunciamos:
> Dios Es LUZ
> y en EL no hay oscuridad ninguna" (1 Jn 1:5)

> "Porque El Señor es nuestra luz y salvación. ¡Para siempre es su misericordia!"

Al ENCENDER y recibir la luz de esta **tercera candela** celebramos y anunciamos nuestra fe en Jesús, Mesías de Dios, como "luz del mundo" (Jn 8:12; 9:6; 12:46) y con alegría confesamos:

> "Porque de tal manera amó Dios al mundo, que envió a Jesús Mesías, como luz del Mundo, para que tod@

aquel que ponga su confianza en El y le siga, no camine más en oscuridad sino que tenga la luz que da Vida".

"Porque El Señor es nuestra luz y salvación.
¡Para siempre es su misericordia!"

Al ENCENDER y recibir la luz de esta *cuarta candela*, hacemos MEMORIA y celebramos la presencia del ESPIRITU SANTO en nosotr@s y en medio de nosotr@s.

Ven Santo Espíritu, luz – fuego de Dios
Envía tu luz desde lo alto.
Entra hasta lo profundo de nuestro ser
con tu aliento y calor
déjanos sentir la llama ardiente de tu amor.
    Renuévanos,
    Fortalécenos,
    Consuélanos,
    Ilumínanos,
Dirige siempre nuestros pasos
Por caminos de justicia y paz

"Porque El Señor es nuestra luz y salvación.
¡Para siempre es su misericordia!"

Al ENCENDER y recibir la luz de esta *quinta candela* hacemos memoria activa de nuestra tarea en el mundo como comunidad de l@s discípul@s de Jesús, portadores de su luz.

"No se enciente una candela para
    ponerla debajo de una olla,
sino para ponerla en el candelero
    y que brille
        para tod@s los de la casa.
Empiece así a brillar la luz de ustedes". Mt 5:15-16

"Porque El Señor es nuestra luz y salvación.
¡Para siempre es su misericordia!"

Al ENCENDER y recibir la luz de esta **sexta candela** recordamos que no basta encenderla. Es necesario mantener la candela encendida, en compromiso de fe, vigilancia y disponibilidad, en espera de "Aquel que ha de venir" a instaurar la plenitud del Reinado de la vida-luz.

Yo soy el A (ALFA) y la Ω (OMEGA),
    el Principio y el Fin,
    el Primero y el Último,
"Aquel que es, que era y que va a venir".
    Maranathá
    ¡Ven Señor Jesús!

"Manténgase list@s, con la ropa bien puesta y la luz encendida. Pórtense como sierv@s que esperan a que regrese su señor de una boda, para abrirle la puerta en cuanto llegue y llame. Dichos@s los siervos a quienes el señor al venir, encuentre despiert@s, pendientes de su llegada". Lc 12:35-37a

"Porque El Señor es nuestra luz y salvación.
¡Para siempre es su misericordia!"

Al ENCENDER y recibir la luz de esta **séptima candela,** hacemos memoria de la "feliz esperanza" (Tito 2:13) de su Venida [*parusía*] y renovamos nuestro compromiso con el proyecto de vida-luz de Dios para toda la creación. (Is 19:20; Ap 22:5)

> "Porque esperamos según Dios lo ha prometido, «nuevos cielos y nueva tierra» en lo que habite la justicia". 2 Pe 3:13

> "Porque El Señor es nuestra luz y salvación. ¡Para siempre es su misericordia!"
>
> Amén

Encender siete luces cotidianas

(Al final de cada estrofa se dice

"Bendito sea el Espíritu de Dios"

Y se ENCIENDE una luz)

> El Espíritu de Dios es soplo creador,
> Aliento de vida humana,
> Viento profético de Pentecostés
> se manifiesta en sus siete dones
> representados por siete luces,
> que significan siete quehaceres.

La primera luz del Espíritu Santo
es la LIBERTAD y la LIBERACION
Nos reconocemos hijos e hijas de Dios
frente a todo poder de dominación.

La segunda luz del Espíritu Santo
es la PAZ obra de la justicia,
Y de respeto a la Creación.

La tercera luz del Espíritu Santo
es el TRABAJO humanizado
repartido, remunerado y creador.

La cuarta luz del Espíritu Santo
es el PAN de los pobres de la tierra
Nos reconocemos herman@s de
los que no lo tienen.

La quinta luz del Espíritu Santo
es la CULTURA y la CIENCIA
Patrimonio de todos los pueblos
de las escuelas, talleres y casas de cultura.

La sexta luz del Espíritu Santo
es la FE, el AMOR y la ESPERANZA
que nos inspira a vivir en comunidad
como los hijos e hijas de la luz.

La séptima luz del Espíritu Santo
es el EVANGELIO del REINO del Dios
Impulso para construir signos concretos
en la defensa por la vida en plenitud.

(C. Floristán, 1996:557-559)

Encender el Cirio Pascual

En esta pascua, Jesús resucitado, en esta noche llena de luz, de tu vida-luz, en esta noche, única del año prometemos para todo el año ser discípulos y discípulas de Jesús haciendo las obras de la luz: la paz, la justicia y el amor.

En esta pascua Jesús resucitado, inundados con tantas luces encendidas con este cirio pascual fruto del trabajo de muchas manos.

Queremos velar por nuestro barrio, por nuestra familia, por nuestra comunidad de fe, caminando siempre de la mano con los pequeños de la tierra.

Queremos juntos y juntas trabajar, para que organizados como abejas fabriquemos la miel de la amistad sabrosa y la comunidad cual cera se derrita con corazón ardiente por los unos y los otros.

...y amaneció! "en los levantes de la aurora."

En esta noche llena de tu luz que resplandece en la oscuridad, proclamamos tu resurrección y la nuestra, el triunfo de la luz y la vida para todos y todas.

Bendito seas por siempre Jesús resucitado. Gloria a ti en la unidad del amor del Padre y Madre y la comunión del Espíritu que da vida.

Amén

El camino de la luz, exigencias éticas de una opción

"Aunque parezca increíble
hoy he encontrado a un humano caminando...
Sin mirar la distancia, caminando.
Sin que hubiese camino, caminando".

Leonardo Boff en su *"Columna Semanal"* (2012-12-07: http://www.servicios-koinonia.org/boff/) comparte con sus lectores —en clave sapiencial— una importante reflexión sobre el camino como modelo primario desde nuestros antepasados. "Tengo especial fascinación por los caminos, especialmente por los caminos del campo que suben penosamente la montaña y desaparecen en la curva del bosque. O los caminos cubiertos de hojas multicolores en las tardes grises de otoño, por los cuales andaba en mis tiempos de estudiante". Habla del ser humano como ser en camino: *"homo viator"*, de los dos *caminos-rumbo* que se abren delante de nosotr@s y la inescapable opción que debemos tomar. Destaca la fascinación y las dificultades propias del camino de la vida. El camino como experiencia de rumbo. La tarea que corresponde a cada ser humano de *prolongar* el camino vital, haciendo su recorrido de tal forma que lo mejore. La permanente tarea de construcción, porque el camino humano nunca está finalizado.

Destaca la importancia de *la opción* que exige el camino. Solo hay dos caminos: el camino de la luz y el camino de la oscuridad. (Cf. *Salmo 1 con el tema de los dos caminos*). Ambos coexisten en cada ser humano. Si optamos por el camino de la vida-luz, los pequeños pasos equivocados o los tropiezos, no destruirán el camino, ni harán perder el rumbo. Lo que cuenta es la fidelidad o infidelidad que entra en juego en la opción fundamental.

Esta meditación sapiencial sobre el camino, ofrece un aporte para la reflexión teológica desde la luz de una candela. La opción libre por el camino de la luz confiere *cualidad ética* (responsabilidad) al camino, metáfora conocida de la conducta humana, (ideas, proyectos, maneras de actuación). (Cf. Roy May. *Discernimiento moral. Una introducción a la ética cristiana.* San José: Dei/Sebila. 2004).

Caminantes por los caminos de la vida: <homo viator>

El ser humano se encuentra en movimiento continuo. Es el **homo viator**, *"el animal que anda",* por los caminos de su vida en nuestra casa tierra. "Cada uno de esos movimientos que se realizan en el espacio y el tiempo, describe un camino" (Lurker, 1994:43). Cada acción forma parte de su vida, de su itinerario personal.

El escritor costarricense Jorge De Bravo (1938-1967) ha destacado bella y poéticamente <*el prodigio*> del ser humano, que se atreve a caminar, haciendo el camino de su vida.

Prodigio

¡Hoy he encontrado a un hombre/mujer caminando!
Sin apoyarse en nadie, caminando.
Sin que hubiese camino, caminando,
Como si no quisiese llegar tarde, caminando.
Su mirada tenía forma de corazón y adentro de sus
ojos se veía un mundo caminando.
Aunque parezca absurdo e increíble
hoy he encontrado a un hombre/mujer caminando...

Sin mirar la distancia, caminando.
Sin que hubiese camino, caminando.

(Francisco Albizúrez. Poesía Contemporánea de la América Central. San José: Editorial Costa Rica.1995:611-612).

Modelo primario desde nuestros antepasados

El camino constituye uno de los modelos primarios (*arquetipos*) *de mayor antigüedad* de la psique humana. Lo recibimos de nuestros antepasados. Estamos donde estamos gracias a ell@s. Nos corresponde continuar el camino y trasmitirlo a las generaciones futuras. Siempre estamos en camino y mayormente en camino hacia nosotr@s mism@s por el camino misterioso que va hacia nuestro interior. Los caminos están dentro de nosotros y no en otra parte (Novalis).

Fascinación y dificultad del camino

"Los caminos de la vida no son como yo pensaba, no son como los imaginaba... los caminos de la vida son muy difícil de caminarlos...".

Canción popular latinoamericana.

La fascinación de los caminos se entrecruza inseparablemente con las dificultades y dolores siempre presentes a la vuelta del camino. No existe camino sin lucha. En la vida no es como imaginábamos, no todo es camino sencillo, plano y recto. Abundan curvas peligrosas y barrancos oscuros. Las altas cumbres hay que subirlas, muchas veces contra el fuerte viento, la llovizna y la niebla que tiende su velo sobre las montañas oscurecidas, arriesgándonos a hacernos daño a nosotros mismos contra tantos obstáculos.

Un texto bíblico, poco citado, habla sobre el camino en el espacio-tiempo de las arenas del desierto, y resulta muy ilustrativo sobre las dificultades del camino. Para el Antiguo Testamento, el gran camino es el Éxodo.

> Cuando el faraón dejó ir al pueblo, Dios nos los llevó por el camino de la tierra de Palestina (tierra prometida), aún cuando era el camino más corto. (L. Alonso Schökel).

> Por eso Dios hizo que el pueblo diera vueltas –un rodeo– por el camino del desierto que llevaba al mar rojo (mar de las cañas/mar de los juncos). Éx 13:17-18...

> Recuérdate de todo el camino que el Señor Tú Dios, te ha hecho andar por el desierto, para probarte y conocer lo que había en tu corazón. Dt 8:2

Hay que preguntar – señala Boff– a los caminos, ¿El porqué de las distancias?

¿Por qué a veces son tortuosos? ¿Por qué cansan tanto o son difíciles de recorrer por el llano o el pantano? Ellos guardan calladamente los secretos de los pies agotados del caminante, de sus alegrías y esperanzas, de sus derrotas y victorias.

El camino: una experiencia de rumbo-meta

El camino continúa siendo una experiencia de rumbo. Sin rumbo, no es posible caminar hacia la meta. El camino indica la meta y al mismo tiempo es el medio por el cual la alcanzamos. Nos sentimos perdidos sin brújula. Cargados de oscuridad, tropezamos contra la roca abrupta y desorientados, en medio del bramar del torrente, naufragamos. En las oscuridades de la noche, en vuelo ciego, sólo alcanzamos a dar pasos vacilantes que no ayudan para alcanzar la meta.

Prolongar el camino

En el camino de cada persona están presentes y trabajan millones de experiencias milenarias de caminos pasados, recorridos paso a paso generación tras generación. Hoy contribuyen para hacer camino nuevo. El pasado dice muchas cosas que interesan al futuro.

La tarea de cada uno de nosotr@s es *prolongar* este camino vital, hacer el recorrido de tal forma que profundicemos y mejoremos el camino heredado, enderezando lo torcido y entregando a los futuros caminantes un legado enriquecido con los pasos de nuestro caminar.

Abrir el camino

Caminar es abrir camino, por lo tanto, una decisión libre: abrir camino, un camino personal, construcción creativa y valiente para no desmayar, y alcanzar la meta. Es construcción de cada día, permanente, porque nuestro camino está siempre abierto, nunca terminado.

Caminante, son tus huellas
el camino, y nada más;
caminante, no hay camino,
se hace camino al andar.
Al andar se hace camino,
y al volver la vista atrás
se ve la senda que nunca
se ha de volver a pisar.
Caminante, no hay camino,
sino estelas en la mar.

Antonio Machado, España (1875-1939)
en Francisco Montes de Oca. Ocho siglos de poesía
México D.F.: Porrua. 2007:553

Caminar es optar

Hacer camino no es algo neutral. Demanda una toma de decisión. *No hay escapatoria.* Existen sólo dos caminos, como lo describe la opción entre dos caminos presente en el Antiguo Testamento, (cf. Salmo 1), y que el Nuevo Testamento retoma en el sermón de la montaña. (Mt 7:13s).

Dios deja a la libre decisión del ser humano el elegir "el camino que conduce a la vida" o "el camino que conduce a la muerte". (Jer 21:8; cf. Dt 30:15-20, "he puesto delante de ustedes vida y muerte, la bendición vital y la desgracia-anti vida… *¡Opten por el camino de La Vida!*"

Está colocado delante de nosotr@s *el camino de la luz o el camino de la oscuridad*. Así de simple y así de complejo. Sin dualismo religiosos maniqueos. El camino de la luz cuyos frutos son bondad, justicia y verdad (cf. Ef 5:9) y el camino de la oscuridad cuyas obras infructuosas (*mysterium iniquitatis*) *conducen por el contrario a la práctica* del mal, la injusticia y la mentira.

El dilema es claro: o nos realizamos creciendo y promoviendo vida y humanidad o decrecemos y nos devaluamos, deshumanizándonos, <el dramático oscurecimiento del ser>.

El evangelio de Juan habla explícitamente de quienes no optan por el camino de la luz (cf. Jn 3:17-20: *"Esta es la causa de la sentencia… que la luz ha venido al mundo, y los seres humanos han preferido la oscuridad a la luz, porque su modo de obrar era perverso"* (traducción de Juan Mateos). A contraluz transitan por el camino que los lleva a cerrarse sobre sí mismos, por el camino de la indiferencia (*"corazón de piedra"* Ez 11:19; 36:26), o el camino de la discordia, del conflicto, y el enfrentamiento. *"Camino de paz no conocen, y derecho no hay en sus pasos. Tuercen sus caminos para provecho propio, ninguno de los que por ellos pasan conoce la paz"*. Is 59:8 (citado por Pablo en Rom 3:17).

Existen quienes optan —a contra corriente— por el camino de la luz que lleva a abrirse solidariamente, por el camino de la práctica de la misericordia ("corazón de carne" Ez 11:19;36:26), por el camino **orshalom** (de *or= luz-shalom=paz*). En una palabra, se opta por el camino que conduce hacia un fin donde brota la vida-luz. *"El camino de los justos es como luz de la aurora que va esclareciendo hasta que llega la plenitud del día"* (Prov 4:18). En el camino de la oscuridad "no se sabe dónde se ha de tropezar" (Prov 4:19) hasta que se recogen los frutos amargos de dicha opción: la propia auto-destrucción-muerte.

Ambos caminos se entrecruzan en nuestro corazón

La condición humana concreta es tal —destaca Boff—, que *siempre ambos caminos* suelen entrecruzarse en tensión en nosotr@s mismos. Somos la arena del enfrentamiento histórico de ambos caminos. Esa es nuestra realidad constitutiva, nuestra finitud y nuestra ambigüedad. Como humanos vivimos y nos movemos en el plano histórico-ético, y entra en juego nuestra libertad y responsabilidad. El mundo ético es camino humano de libertad. No pertenecemos, en ese sentido, al mundo natural con el determinismo de sus procesos físico-químicos y sus rigurosas formulaciones matemáticas.

En el buen camino se esconde el malo, y en el mal camino se esconde el bueno. Ambos atraviesan nuestro corazón. Podemos ser luz o podemos ser de oscuridad. Este es el drama existencial del ser humano, que puede transformarse en crisis e incluso en tragedia.

La opción fundamental

Como es difícil desenmarañar totalmente la cizaña que crece mezclada con el trigo cuando se siembran juntas en el campo (cf. Mat 13:24-30), así de igual forma al separar el camino bueno del camino malo, estamos obligados a hacer *una opción fundamental* por uno de ellos.

Optar por el camino de la luz es una opción que supone una decisión consciente y valiente. Habrá que remar contra corriente, caminar contra el viento. Nos cuesta renuncias, e incluso puede traernos desventajas, pero nos confiere paz de conciencia y la percepción de que estamos en el camino correcto, que da profundidad y sentido a nuestra vida.

> "Nadie puede borrar su sombra, pero sí caminamos en dirección a la luz no tropezaremos con nuestra sombra. Al comenzar este nuevo día me presento ante ti Dios de la Luz con mis sombras, para que siempre nos inunde tu luz y nos escolte en el camino hasta ti".

La opción por el camino de la oscuridad introduce en un camino ancho y sencillo. No impone ningún límite, pues todo vale con tal de que nos beneficie, o simplemente nos agrade. Pero tiene un alto precio: la acusación de la conciencia, el riesgo del juicio y hasta la muerte. *"Hay caminos que a los ojos de los seres humanos parecen rectos, pero en su desenlace son caminos que van a parar a la muerte"* (Prov 14:12:16:25).

Cualidad ética en el camino humano

La opción fundamental confiere *cualidad ética,* esto es *responsabilidad,* al camino humano. Cuando optamos por el camino de la luz, los pequeños pasos equivocados o los tropiezos no destruirán el camino y su rumbo. Lo que cuenta realmente frente a la conciencia y ante Aquel que a tod@s juzga con justicia, es la fidelidad o infidelidad a esta opción fundamental, al camino de la luz y no al camino de la oscuridad.

Constancia y fidelidad en el camino

No hay que aislar los actos y juzgarlos desconectados de la opción fundamental.

Se trata de captar la actitud básica y el proyecto de fondo que se traduce en acciones y que unifica la dirección de la vida. Si ésta opta por el camino de la luz, con constancia y fidelidad, conferirá mayor o menor bondad a los actos. Los altibajos ocurrirán siempre, pero *no* llegarán a destruir el camino de la bondad, la justicia y la verdad.

Estamos en el valle de la decisión. Tenemos que optar qué camino construir y cómo seguir creciendo en la "via-lucis". Sólo tenemos que apostar por un camino. Caminar con fe y esperanza, dejando que entre en nosotr@s la luz. No hay oscuridad que pueda apagar la luz del amor de Dios. En nuestra opción de caminantes nunca estamos solos. Con nosotros caminan multitudes, solidarias en el mismo destino, acompañadas por Alguien llamado: *"Emmanuel = Dios con nosotros. Dios con nosotras"*. (Is 7:14; Mt 1:23).

Cerramos estas reflexiones sobre el camino de la luz, con unas palabras de Jesús, recogidas en el Evangelio de Juan:

"Todavía no por mucho tiempo
 va a estar la luz entre ustedes.
Caminen mientras tengan luz,
 no sea que la oscuridad los sorprenda
  y se apodere de ustedes.
El que camina en la oscuridad
 no sabe el camino por dónde va.
El que camina en la luz sabe hacia dónde va.
Mientras esté la luz entre ustedes,
 presten atención (lit. "creed") en la luz,
 para que así la luz oriente el camino".
(Juan 12:35-3).

La orientación es clara. Mientras esté con nosotr@s la luz, ¿Por qué dejarnos sorprender por la oscuridad? ¿Por qué permitirle apoderarse de nosotr@s y que nos haga perder el rumbo? ¿Por qué caminar en la oscuridad cuando la luz está disponible para todos y todas? ¡Sólo tenemos que abrirnos y dejar entrar la luz que está encendida!

Al "programa liberador" de la proclamación del Reino del Dios de la luz, expresado en las nueve bienaventuranzas que Jesús nos enseñó (Mat 5:1-11), podemos agregar una, la número diez:

"Bienaventurad@s/dichos@s los que tienen sed de luz, porque Dios mismo los colmará con su Luz"

«Danos Tu Luz»

Señor, dame luz en el corazón.
Dame luz en la lengua,
Luz en el oído,
Y luz en la vista
Luz en el sentimiento
y luz en cada parte de mi cuerpo,
Luz frente a mí
y luz detrás de mí.
Luz en la mano derecha
Y luz en la mano izquierda
Luz arriba de mí
Y luz debajo de mí
Señor, haz que la luz crezca dentro de mí
Y que me dé luz, y me ilumine.
El Profeta

(Andrey Harvey. Perfume del desierto. Tesoro de la sabiduría sufí. México DF: Alamah. 2000)

Explicitación

Iniciamos la explicitación teológica
destacando cuatro claves de lectura:
fe – esperanza;
inteligencia de la fe;
vivencia comunitaria;
doxología- gratitud.

Teología desde la luz de una candela

1. **La teología desde la luz de una candela** encuentra su momento original y originante allí donde la candela es

encendida *con fe y esperanza,* y su luz nos remite con alegría y gratitud a Dios, que se manifiesta generosamente como «luz y salvación». (Sal 27:1. Cf. 36:10).

2. **La teología desde la luz de una candela**, quiere ser «inteligencia de la fe» <*fides quaerens intelectum*> vivida y celebrada comunitariamente a través de la práctica de las obras de la luz. (Ef 5:9.Cf. Is 58:1-12).

3. **La teología desde la luz de una candela** es tan antigua como la candela misma. Ha existido desde siempre, más vivida y celebrada [*theologia prima*], que pensada y articulada conceptualmente [*theologia segunda*]. Nace en medio de la *vida compartida y celebrada de las comunidades* de los hijo@s de la Luz. (Mt 5:14-16; Ef 5:8).

4. **La teología desde la luz de una candela** se transforma en doxología (de la palabra griega *doxa* = gloria). Es una oración, un grito o exclamación de alabanza (cf. el final de algunos Salmos: 41:14; 72:18s; 89:52b; 106:48; 150) con el que se da gloria a Dios al vivir el don de su «maravillosa luz» (1ª Pedro 2:10). (*Nueva Biblia Española.* Madrid: Cristiandad.1976). La doxología es parte de la celebración litúrgica y va acompañada con cánticos, gestos simbólicos de luz (candelas), testimonios

y acciones de gracia, que nos animan y fortalecen en el camino de la luz, vivido desde el compromiso de cada día con la justicia, la paz, la diversidad y la integridad de la creación.

Afirmaciones teológicas fundamentales

1. Dios es Luz. La teología desde la luz de una candela nos remite al misterio siempre gratuito de Dios.

2. Dios es mi Candela. La teología desde la luz de una candela nos remite al Misterio de Dios como nuestra CANDELA.

3. Dios es la Luz, nosotr@s los candelabros. La teología desde la luz de una candela nos recuerda que somos portadores de luz.

4. Mantener encendida la luz de Dios. El riesgo de apagar la luz. La teología desde la luz de una candela nos enseña que no basta con encenderla, es preciso mantener su llama encendida.

5. La luz sin obras está apagada. La teología desde la luz de una candela nos recuerda que es preciso hacer las obras de la luz.

6. Ser parte de la luz: el costo de arder. La teología desde la luz de una candela nos enseña que al ser parte de la luz, tenemos que arder.

7. Cuando la oscurana se prolonga. La teología desde la luz de una candela nos enseña que existen momentos de luz menguante.

8. Aferrarnos a la luz cuando parece cerrado el camino. La teología desde la luz de una candela nos enseña que cuando la oscurana se prolonga debemos aferrarnos a la luz.

9. Días de luz surgirán de la penumbra fértil. La teología desde la luz de una candela nos enseña que no existen noches eternas.

10. Cuando la penumbra <hace ver> cosas que no se ven en la luz. La teología desde la luz de una candela nos enseña que la penumbra es madre de belleza y fuente de conocimiento.

11. La luz-vida tendrá la última palabra. La teología desde la luz de una candela apuesta por la esperanza... brillará la luz que la oscuridad no la ha podido vencer. "Sucederá que al final de la tarde de la historia continuará *resplandeciendo* la luz. (Zac 14: 6).

DESARROLLO

Del Misterio luminoso de Dios a la esperanza de la plenitud de la luz en la tarde de la historia. Mantener encendida la luz aferrados a la luz, cuando la oscurana se prolonga. No existen noches eternas. La luz-vida verá el nuevo amanecer que la oscuridad no podrá detener.

1. <<DIOS ES LUZ>>

La teología desde la luz de una candela nos remite al misterio siempre gratuito de Dios.

Simboliza su presencia como Dios de la Luz: *"la luz habita junto a Dios"* Daniel 2:22). *"Dios es Luz, sin mezcla de oscuridad"* I Juan 1:5).

La candela encendida, con su llama en movimiento, en verticalidad ascendente, se convierte en un lugar a partir del cual podemos: en apertura-confianza (*vida en la fe*), y en ámbito de oración (*vida en el Espíritu*) caminar hacia el encuentro-comunión con el Misterio de Dios *"Padre-Madre de toda luz»* (Santiago 1:17).

ORACION AL DIOS DE LA LUZ

"Este es el mensaje que oímos de JesuCristo y anunciamos:

Dios es Luz y no hay ninguna tiniebla en El"
(1ª Juan 1:5)

"Dios con nosotros, Dios con nosotras"
(Mat 1:23),

Tu eres nuestra Luz y Salvación
(Sal 27:1)

porque tu amor-ternura es para siempre
(Sal 106:1;136)

• Tú que habitas en el Misterio de la Luz inefable (1.Tim 6:16) y en quien no hay oscuridad alguna (1 Jn 1:5)

• Tú que con belleza has creado la Luz (Gen 1:3ss; Ecl 3:11) y la has hecho brillar del "seno de la oscuridad" (2 Cor 4:6)

• Tú que por tu bondad y cariño inagotable (Sal 103:4;117:2;119:156) has prometido desde siempre y por siempre guiar hacia adelante nuestros pasos (Sal 119:115) Convertir la oscuridad en Luz, (Is 42:16) y por tu gracia nos has llamado (Rom 5:20; Tit 2:11) de la oscuridad a tu luz Maravillosa (1Pe2:9).

EXPLICITACIÓN

- Tu que has hecho visible la "Luz de tu rostro" (Sal 4:6) y has enviado tu Hijo al mundo, nacido de mujer, (Gal 4:4)

- lleno de vida y luz (Jn 8:12;10:10;9:5;12:46).
    para traernos la Luz de la vida (Jn 1:4)
        Luz que ilumina a todo ser humano (Jn 1:9)
        Luz que brilla en la oscuridad (Jn 1:5)
        Luz que la oscuridad no ha podido apagar (Jn 1:5)

INUNDANOS SIEMPRE CON EL DON DE TU LUZ Y SALVACION

- Para que a través de tu Luz (Sal 43:3) podamos
    por la fuerza de tu Espíritu (Rom 5:5; Hch 1:8)
        ver en tu Luz, la luz (Sal 36:10)
        caminar en tu Luz (1ª Tes 5:5)
        dar testimonio de tu Luz (Jn 1:8)
        hacer las obras de la luz (Rom 13:12; Ef 5:9)

Hasta que llegue a nosotros/as en plenitud
la luz de Tu Reino y el Reino de tu luz. ¡Así sea!

Excursus: La fe-confianza en el Misterio Dios

La fe en el Misterio de Dios es una manera de existir. Es abrirse al sentido de la vida, desde el sentido último que Dios le confiere a la vida como el don mayor que nos ha sido dado. Es vivir de cara a la realidad de su Misterio bajo el arco iris de su gracia y amor.

Tener fe es sabernos amados por Dios, con un amor incondicional y eternamente válido. "Aceptar que hemos sido aceptados" (P.Tillich). Que Dios es gratuidad, es decir, que su relación con nosotr@s acontece por gracia, libre donación de sí, y no por mérito humano alguno.

Coincidimos con la teóloga Dorothee Sölle, (1929-1974) cuando afirma "***Hace demasiado frío en el mundo para que creamos que se puede vivir sin estar abrigados bajo el manto de Dios. La gracia de Dios nos da calor, pero al mismo tiempo nos ayuda a tejer conjuntamente el manto de Dios***". (*Reflexiones sobre Dios*. Barcelona: Herder.1966:19).

En la cultura occidental "mayor de edad", materialista y de un empobrecimiento espiritual agudo, cobra actualidad la perspicaz observación del escritor inglés, G.K. Chesterton (1874-1936).

> *"Lo malo de que los seres humanos hayan dejado de creer en Dios, en realidad no es que ya no crean en nada. Es que ahora están dispuestos a creer en cualquier cosa"*. (Cf. J.L. Ruiz de la Peña. *Creación Gracia Salvación*. Santander: Sal Terrae.1993:95).

Dios no ha muerto el día que un hombre loco a través de una parábola nos lo anunció (según el filósofo Federico Nietzsche (1844-1900) en su libro *La gaya ciencia* (1887) o el día que Karl Marx (1818-1883) escribió que "la religión es el opio del pueblo" (*Contribución a la crítica de la filosofía del derecho de Hegel. Introducción*, 1844) o el día cuando, en ejercicio de nuestra libertad, dejamos de creer en Dios, quedando atrás la etapa de la "ilusión o la inocencia". Somos nosotr@s los que morimos el día en que nuestras vidas dejan de estar iluminadas por la luz de toda luz y renunciamos a acogerla y dejarnos transformar por su impulso vital.

Nuestro espíritu como un árbol desenraizado se atrofia, las raíces sin tierra nutricia y agua se secan, las hojas se marchitan y se caen, la savia deja de fluir. Así va muriendo nuestro espíritu.

Para constatarlo, no tenemos que escuchar un piadoso sermón tradicional, no tenemos que sufrir la verborragia de un fanatizado predicador fundamentalista. Basta simplemente con abrir los periódicos, escuchar o ver un noticiero y quedar impactados con la realidad que vivimos cada día, con la calidad de vida de los seres humanos: el deterioro progresivo de la vida, la pérdida de su valor sagrado y de su sentido. La vida como absurdo, sentimiento trágico, angustia existencial, experiencia de vacío, soledad, desencanto, desesperanza nihilista: <<nuestra vida no es más que un corto circuito de luz, entre dos eternidades de oscuridad>> (Vladimir Nabokov, escritor ruso(18991977).(J.Albaigés/M.D.Hipólito. *Un siglo de citas*. Barcelona: Planeta. 1996:584).

"El infierno es vivir día a día, sin saber la razón de tu existencia" exclama como lamento el personaje Marv de la película *Sin City* (de F.Miller y Robert Rodriguez, 2008. Minuto 18:20). (Cf. J.A. Estrada. *El sentido y el sin sentido de la vida.* Madrid: Trotta. 2010).

Lo anterior conlleva a nuestro juicio, aún a consecuencia mucho más grave. La repulsa, descreída y altisonante "del mito funcionalmente necesario pero carente de certeza racional", de "la hipótesis/alienación/neurosis/enfermedad" llamada Dios, (cf. J.J.Tamayo. *Para comprender la crisis de Dios hoy.* Estella: Verbo Divino. 2000) desafortunadamente no ha conducido en los últimos 200 años al florecimiento de un mundo más humano, tolerante, solidario, iluminado por la ciencia, la razón, el progreso y el humanismo prometeico. Hemos inventado todo, menos la justicia y la misericordia. Desde las puertas mismas de entrada al tercer milenio hemos estado inmersos en la herencia del siglo XX, "un mundo de cruel inhumanidad" (J. Sobrino), exclusión, violencia y sufrimiento. Recordemos que el nombre completo de la tragedia de Prometeo, es "Prometeo encadenado". La cima del trágico desastre que vivimos actualmente es el ser humano mismo encadenado no por voluntad cruel y arbitraria de los dioses, sino del ser humano mismo, creador de sus propias cadenas, de sus múltiples alienaciones.

Si en el siglo diecinueve -ha señalado Erich Fromm (1990-1980)- el problema era que Dios se había muerto, "en el siglo XX el problema es que quien ha muerto es el ser humano". (J.Albaigés/M.D.Hipólito, 1996:401).

El humanismo secular militantemente ateo se transformó en un antropocentrismo que condujo al nascimiento de un ser humano auto-exaltado hasta su divinización: antropo-deificación. Cuando reina la arrogancia no puede haber más Dios que uno mismo... "Y el ser humano se hizo dios". Hemos sucumbido oscuramente a la antigua tentación de la serpiente (según el relato bíblico de Génesis 3) de querer "ser como dioses". Cuando el ser humano tiene la arrogancia de convertirse en Dios, aflora el lado oscuro de su demencia para transformarse no en un diosecillo, sino en el satanás de la tierra, destruyendo la vida humana personal, social y de la naturaleza.

La rebelión contra el cielo en nombre de la construcción del paraíso terrenal, ha creado los peores infiernos en la tierra a través del poder de la razón instrumental científico-técnica puesta al servicio de la idolatría en su concreción más cruel e inhumana: el dios dinero "sin corazón" omnipresente y todopoderoso. Como lo ha destacado proféticamente L. Boff, hemos despertado del sueño iluminista espantados con la posibilidad de que el ser humano, auto denominado *homo sapiens sapiens* pero en realidad convertido en *homo demens demes*, ya homicida y etnocida se convierta en ecocida y geocida destruyendo nuestra casa común y única, la tierra. (*El despertar del águila*. Madrid: Trotta. 2000:17).

2. DIOS ES MI CANDELA

La teología desde la luz de una candela nos remite al Misterio de Dios como nuestra CANDELA.

En 2 Samuel 22 encontramos un salmo de acción de gracias. Al recordarse la protección experimentada de parte de Dios como "roca", "alcazar", "peña", "escudo", "refugio", se describe simbólicamente, la salvación que procede de su fidelidad y misericordia.

Este Salmo (cf. Salmo 18 con el cual coincide) nos ilustra en lenguaje metafórico y

clave simbólica la actuación salvadora de Dios, en referencia a la luz. Dice explícitamente el cántico:

"Señor, tu eres en verdad, mi Candela;
Señor, tú esclareces mi oscuridad"
(2 Samuel 22:29)

El Salmo 18:28-29 retomando el mismo símbolo, dice:

En verdad, Tú al pueblo humilde salvas...
En verdad, Tú alumbras mi candela,
¡Oh mi Dios! Tú esclareces mis tinieblas.

Ambos textos destacan una verdad mayor, expresión de fe-confianza: "Dios es la luz que nos ilumina, que alumbra nuestras tinieblas". Para expresar la experiencia vivida de liberación y victoria, se recurre a la fuerza de un símbolo ligado a la experiencia vital del autor. Una vez más el símbolo (candela-luz-oscuridad) nos abre camino para hablar del Misterio, facilitando expresar lo vivido. Lo vivido es mayor que lo expresado simbólicamente.

En medio de la experiencia vivida de oscuridad, la fuerza salvadora de Dios se manifiesta como luz: "Dios es nuestra candela-luz" ¡y la energía que la potencia, manteniéndola encendida!

La oración que Jesús nos enseñó (Mateo 6:9-13), podemos meditarla, asumirla y profundizarla en clave de luz.

PADRE-MADRE NUESTR@ DE LA LUZ

Padre/Madre nuestr@ que vives en la Luz
Santo es tu nombre: Dios de la Luz,
    "en quien no hay sombra de oscuridad"
Venga a nosotr@s el reinado de tu luz,

    y la luz de tu Reinado.

Hágase siempre tu voluntad,
    - en la tierra como en el cielo, -
y no la de las fuerzas de oscuridad.

Danos hoy y siempre la luz de cada día
y perdónanos la oscuridad que ponemos en el mundo,
    entre la que está el no saber amar
Padre/Madre nuestr@
    que siempre estemos abiertos al amor

No nos dejes caer en la tentación,
    de renunciar a vivir en tu luz
        y hacer las obras de la luz
más líbranos del poder de las fuerzas
    de oscuridad.
Porque tuya es la luz, la vida
    y la esperanza.
            Amén

EXPLICITACIÓN

3. Dios es la luz... nosotros los candelabros

La teología desde la luz de una candela nos recuerda que somos portadores de luz.

Estamos ante uno de los bastiones del Nuevo Testamento: **el sacerdocio universal de todos y todas l@s creyentes** (1Ped 2:9). En el marco de la reflexión teológica desde la luz de una candela adquiere una concreción precisa en lo que llamamos <*el sacerdocio universal de la luz*> de tod@s l@s creyentes… Es la tarea concreta, cotidiana, de cada uno y de tod@s l@s creyentes en el Dios de la luz, de ser testigos de su luz. A más oscuridad, necesitamos más testigos de la luz. "Solo Dios es la luz… pero usted puede hacer que brille a los ojos de todos" (De una Oración/C.Floristán. 1996:584).

Ser portadores de luz, ser "ministr@s de la luz" (como inmerecidamente me llamaron en las liturgias ecuménicas de la Clínica del Dolor y Cuidados Paliativos del Hospital Calderón Guardia), no es monopolio de un grupo élite, privilegio de selectos miembros del club privado de los sant@s, profetas o <apóstoles> que buscan "deslumbrar", pero que en realidad solo son como luces pasajeras de llamaradas de papel. No guían, no alumbran, se apagan fácilmente.

Las candelas, fruto del trabajo creativo humano, no se hacen para ser admiradas, o coleccionadas. Se hacen para ser encendidas y ofrecer su luz.

La oración de San Francisco de Asís, siglos después, no pierde vigencia:

> "La candela no está allí para iluminarse a sí misma"
>
> (dicho de la sabiduría sufí)

"Señor hazme un instrumento de tu luz... que donde haya oscuridad, ponga yo tu luz..."

Buda (c .de 560-480 AEC) en los consejos a sus primeros discípulos, les decía:

"recorred la tierra...y donde quiera que reine la oscuridad encended la luz".

(Horacio Shipp. *Creencias que han movido al mundo.* México D.F: General de Ediciones. 1966:138)

Como en el caso de una simple candela, no tenemos que esperar el momento de una gran acción, ni querer compartir la luz llevándola hasta lejanas tierras allende de los mares. Se trata, para decirlo con palabras de un antiguo canto religioso, de una humilde pero decidida encarnación situada: ¡brilla en el sitio donde estás!

Nuestra vida surgirá cada día iluminada y en la medida en que hagamos crecer la luz en nosotr@s, brillará mejor. Pero al mismo tiempo estaremos propiciando que otr@s compartan la luz.

¡Luz creciente, oscuridad menguante!

Una luz por pequeña que sea, encendida en medio de la oscuridad de un mundo que urge claridad, se convierte en una gran luz.

La mística beguina del medioevo Matilde de Magdeburgo (c.1210-c.1294) al describir el viaje del alma a la corte donde Dios se revela, escribió así:

<<Señor, Tu eres mi fuente que mana, mi Sol/Luz (lieht) y yo soy tu espejo/ candelabro (liuhter)>>

(J.J. de Olañeta (Editor). *Mujeres místicas (Antología)*. París: Editions de la Table Ronde.1996:36; G.Epiney-Burgard/E.Zum Brunn. *Mujeres trovadoras de Dios. Una tradición silenciada en la Europa medieval*. Barcelona: Paidos. 1998:73-102).

Las comunidades cristiana populares en Centroamérica, en las celebraciones de su fe en medio de la vida, así cantan con alegría su compromiso en el camino de la luz:

> Yo soy la llama pequeña que tiembla,
> de cera y humilde tu candela soy...
> Tú me encendiste para ser tu fuego.
> fuego y luz que encendió tu amor.
> Pongo en tus manos mi temblor caliente,
> luz y latido de mi corazón.

En el Sermón de la Montaña, Jesús, maestro por excelencia, enseña:

> "*Ustedes son luz del mundo. No se puede ocultar una ciudad situada en lo alto de un monte; ni se enciende una luz para meterla debajo de una olla, sino para ponerla en el candelero y que brille para todos los de la casa: ASI EMPIECE A BRILLAR la luz de ustedes, ante los seres humanos...*" (Mateo 5:14-16)

No alumbra el discípulo amarrado a su delirio "ego-luz-céntrico", esto es, al intento de hacer camino atesorando la luz para sí. Cuando se "guarda la luz" renunciamos a colocarla en el candelabro de tal manera que alumbre para tod@s los que están en la casa. Más grave aún, si permitimos que la llama se apague, actuaremos en sentido opuesto a la instauración del proyecto de luz-vida de Dios. Cuando no alumbramos, oscurecemos. (Cf. Mt 12:30; Luc 11:23).

Pablo exhorta en Rom 13:12 "A pertrecharnos para actuar en los caminos de la luz" (Juan Mateos). Que nos revistamos cada día de "la armadura de la luz" (*Biblia Ecuménica Dios Habla Hoy*. Sociedades Bíblicas. 2007).

En los escritos del Qumrán (=rollos del mar muerto) se encuentra el rollo 1QM que contiene el manuscrito de la "Guerra de los hijos de la luz contra los hijos de las tinie-

EXPLICITACIÓN

blas". Los miembros de la comunidad de Qumrán son llamados "hijos de la luz", y están en guerra declarada y sostenida contra los "hijos de las tinieblas". Esta guerra tiene dimensiones espacio-temporales y escatológicas. Provee un vocabulario particular sobre el ser humano, su historia y su comportamiento, sobre Dios y sobre la simbología que lo expresa y lo niega (caminar en la luz, hijos de la luz, hijos de las tinieblas, el príncipe de la luz, el ángel de las tinieblas, el reino de las tinieblas, el reino de la luz). En la batalla final la victoria será "para los hijos de la luz". El carácter escatológico y apocalíptico de esta visión dualista [metafísica] de guerra aparece en la literatura del período intertestamentario y halla eco en el NT. (P.Rossano/G.Ravasi/A. Girlanda, 1990:1084).

En la perspectiva de la ética del reino de Dios (Sermón de la Montaña), del evangelio de la paz, los hijos e hijas de la luz asumen "las armadura de la luz" a la manera de Jesús, enfrentando el poder de la oscuridad dando pasos de claridad: haciendo las obras de la luz: justicia, bondad, perdón, amor al prójimo y al enemigo. Jesús no llama a sus discípul@s a combatir en ninguna guerra en nombre y en defensa de la luz de Dios. No existe en su enseñanza ese invento perverso de los fundamentalismos religiosos conocido como "guerra santa". Lo que sí existe claramente en el mensaje del evangelio es la santidad y bienaventuranza de ser constructores de la paz. (Mt 5:3-16). Dios es el Dios amante de la vida y de la paz.

> "Los que afilan las armas destructoras de la guerra
> jamás lograrán apagar la luz,
> pues tu venciste a los amigos de la muerte
> en el árbol frondoso de la cruz".
> (Casiano Floristán, 1996:554)

—4. Mantener encendida la luz de Dios: El riesgo de apagar la luz.

La teología desde la luz de una candela nos enseña que no basta con encenderla, es preciso mantener su llama encendida.

El viento sopla fuerte por doquier y si no estamos vigilantes, se apaga la luz de la llama. De ahí la importancia de la responsabilidad personal. Estar atentos, en vigilia y cuido permanente. Como las cinco mujeres previsoras de la parábola evangélica relatada en Mateo 25:1-13, que junto con los candiles llevaron el aceite necesario para que en la espera prolongada de la noche no se apagaran

EXPLICITACIÓN

sus candiles y pudiesen entrar iluminadas a la fiesta nupcial, antes de que la puerta se cerrara. La llama con su verticalidad erguida siempre proyectándose con fuerza ascensional, nos ofrece una gran lección: *la llama es frágil, un soplo la trastorna y amenaza apagarla, pero la llama vuelve a enderezarse.* (Bachelard, 1975:60).

5. La luz sin obras está apagada

> La teología desde la luz de una candela nos recuerda que la luz sin obras está apagada, es preciso hacer las obras de la luz.

A la luz de la Carta de Santiago podemos afirmar que *"la luz sin obras está muerta"* (Sant 2:17;20). La carta a los Efesios nos exhorta para que ahora que somos luz (antes éramos oscuridad) *actuemos* como es propio de quienes pertenecen al reino de la luz, cuyos frutos son la "bondad, justicia y verdad" (Ef 5:9). Esto es, en la práctica del bien, de la equidad, y de la lealtad. En el vocabulario actual: la práctica de la paz-bienestar, de la rectitud-equidad, y de la sinceridad-lealtad.

Dos textos de la tradición profética veterotestamentaria contribuyen a visualizar la cosecha de frutos de la luz.

El primero proviene del profeta Miqueas:

"Esto es lo que Dios, [El Dios de la Luz] desea de tí, simplemente que practiques la justicia (derecho-equidad), que ames la misericordia (corazón compasivo) y que camines con humildad (mansedumbre-tolerancia) con tu Dios" (6:8).

El segundo proviene de la tradición del profeta Isaías, el Tercer Isaías, a propósito del ayuno que agrada a Dios. Destaca la inseparable relación entre la práctica de las obras de misericordia y justicia y la práctica de las obras de la luz expresada en acciones concretas.

El ayuno que yo quiero es éste:

Abrir las prisiones injustas, hacer saltar los cerrojos de los cepos, dejar libres a los oprimidos, romper todos los cepos, partir tu pan con el hambriento, hospedar a los pobres sin techo, vestir al que ves desnudo
y no cerrarte a tu propia carne.

Entonces romperá tu luz como la aurora
enseguida te brotará la carne sana:
te abrirá camino tu justicia, detrás irá la gloria del Señor.
Entonces clamarás al Señor, y te responderá,
pedirás auxilio y te dirá: aquí estoy
si das tu pan al hambriento
y sacias el estómago del indigente,

surgirá tu luz en las tinieblas,
tu oscuridad se volverá medio día.
El Señor te guiará siempre.   Is 58:6-11.

(L.Alonso Schökel. *Biblia del Peregrino*. Bilbao: Ega-Mensajero. 1995)

EXPLICITACIÓN

Pasos para que la luz sea

El camino de la luz se construye paso a paso, en los pequeños y continuos pasos de cada día que van sumando luz, haciéndola crecer, como crece la luz de la aurora.

El camino de opción por la luz que queremos destacar se inspira en el Manifiesto 2000 (www.unesco.org/*manifiesto2000*). Lo valoramos como una forma concreta de abrir puertas a una cultura en que se concretice la opción preferencial por la vida plena con justicia, bienestar, solidaridad, diversidad, paz, no violencia y el compromiso con la integridad de toda la creación. Porque soy consciente de mi parte de responsabilidad [ética] ante el futuro de la humanidad, especialmente hacia los niños y niñas de hoy y mañana, y el don de la vida en nuestra casa común: la tierra, hoy gravemente amenazada.

Me comprometo en mi Vida Cotidiana, en mi Familia, mi Centro de trabajo, mi Escuela, mi Colegio, mi Universidad, mi Gremio Profesional, mi Comunidad, mi Iglesia, mi País y mi Región a:

1. **RESPETAR TODAS LAS VIDAS:** respetar la vida, el mayor Don.

2. **RECHAZAR LA VIOLENCIA:** practicar la no violencia activa, rechazan-

do la violencia en todas sus formas: física, sexual, religiosa, racial, psicológica, de género, ambiental, económica y social, en especial hacia los más vulnerables y excluidos, hacia los niñ@s, adolescentes y adult@s mayores.

3. LIBERAR MI GENEROSIDAD: compartir mi tiempo y mis recursos materiales, cultivando la generosidad a fin de terminar con la exclusión, la injusticia y la opresión cultural, política y económica.

4. ESCUCHAR PARA COMPRENDERSE: defender la libertad de expresión y la rica diversidad cultural privilegiando siempre la escucha y el diálogo, sin ceder al fanatismo [fundamentalismo] ni a la maledicencia y el rechazo del prójimo.

5. PRESERVAR NUESTRA CASA COMUN: LA TIERRA: promover un consumo responsable y un modo de desarrollo que tenga en cuenta la importancia de todas las formas de vida y el equilibrio de los recursos naturales del planeta.

6. REINVENTAR LA SOLIDARIDAD: contribuir al desarrollo de mi comunidad, propiciando la plena participación de las mujeres y el respeto de los principios democráticos con el fin de crear juntos nuevas formas de solidaridad.

EXPLICITACIÓN

7. CULTIVAR LA ESPIRITUALIDAD: esto es, aquella dimensión humana profunda "que produce en el ser humano una transformación interior" (Dalai Lama) y hace posible la práctica de la compasión, la ternura, la tolerancia, la capacidad de perdón, la solidaridad, el cuidado, la meditación, la oración y la esperanza. La espiritualidad no es monopolio de la religión, es camino de vida cotidiana, abierta al prójimo, a la creación y al Dios de la vida-luz.

... el compromiso con la integridad de toda la creación ...

6. Ser parte de la luz: el costo de arder

La teología desde la luz de una candela nos enseña que para ser parte de la luz tenemos que arder.

La candela al encenderse y ofrecernos luz, arde, y al arder, se consume poco a poco. Va perdiendo forma y tamaño, aroma y color. Allí radica el misterio de su vida: ¡ha sido hecha para ser portadora de luz, y arder! No existe otra ruta o camino alternativo, para el portador de la luz (= en griego literalmente *fos* (luz) *foro* (portador).

¿Pero arder?

Arder no tiene que ver con románticos idealismos, la entrega sacrificial o un piadoso espiritualismo. Mucho menos con la teología dolorista tan presente en la religiosidad popular. El dolor de Dios es el dolor de su amorosa identificación sufriente, en el calvario del mundo con las víctimas de la cruel inhumanidad. "Porque todos los que sufren se hallan en la presencia de Dios. Dios participa de nues-

EXPLICITACIÓN

tros sufrimientos. Dios está aquí y sufre con nosotr@s". (D. Sölle, 1966:88).

Arder es optar por el camino de la luz, que no es camino fácil. Exige cercanía e identificación con la luz para arder desde dentro como la "zarza ardiente", cuerpo encendido, desde la médula del hueso. Arder es perseverancia, compromiso vital, lucha, seguimiento, caminar contra corriente. Recordemos las palabras que la sabia mariposa de la parábola, dijo a la tercera mariposa:

> "Ya sabes bien lo que es la luz...
> te acercaste al fuego hasta fundirte
> y confundirte con la llama, porque estuviste
> dispuesta no sólo a contemplarla, sino arder...
> te hiciste parte de la llama ardiente".

Es la senda ejemplar que tantos hombres y mujeres-candela han recorrido como testigos de la luz. Con palabras del teólogo luterano Dietrich Bonhoeffer (1906-1945) podríamos llamarlo el camino del discipulado, el camino de "la gracia costosa", enfrentada a la "gracia barata", esto es, en nuestra reflexión teológica desde la luz de una candela, la pretensión de ser luz sin arder, sin práctica de las obras de la luz. (Cf. 5:9-11).

Para ser luz actuante (amor y vida) y fuego ardiente es necesario que con nosotr@s y en nosotr@s arda la llama de la luz de

Dios: el fuego vivificador y ardiente del pentecostés de su Espíritu, que abre entre los seres humanos caminos de liberación, fraternidad, justicia y esperanza.

Anthony de Mello (1932-1987) guía espiritual católico de la India, explicaba que la iluminación no puede recibirse de segunda mano, de luces ajenas. "En la tierra del Espíritu yo no puedo caminar con la luz de una lámpara ajena". Enseñaba "Ustedes desean tomar mí lámpara prestada. Prefiero explicarles cómo hacer la suya propia" El verdadero conocimiento debe "ser transformado por lo que uno sabe".

> *Discípulo:* "¿Cuál es la diferencia entre conocimiento e iluminación?"
>
> *Maestro:* "Cuando tienes el conocimiento usas la antorcha para alumbrar el camino. Cuando te encuentras iluminado, te transformas en antorcha".
>
> (Robert Ellsberg. *Todos los santos. Reflexiones sobre santos, profetas y testigos de nuestro tiempo.* Buenos Aires: Lumen. 2001:272-273).

La llama naranja
y la llama azulada

En la llama de toda candela en realidad co-existen dos llamas en una sola luz: una naranja, (amarilla o blanca) y otra azulada

(o roja). Arden inseparablemente unidas en ardiente simbiosis: la azulada que arde unida al pabilo, la naranja que brilla o ilumina. La naranja sube verticalmente hacia lo alto, pero siempre, por debajo, permanece la llama azul, sin separarse del pabilo, haciendo posible que la otra flamee y brille.

Benjamín González lo ha descrito en el poema, "Luz desde dentro" ya citado, como el llamado del Dios de la luz para que seamos hogueras de pentecostés, en la persistente combustión de nuestros días, encendidos por el Espíritu de Dios, en el fundido inseparable de nuestra llama naranja, con Tú llama roja, que hace posible que la nuestra flamee y brille.

Continuando en clave simbólica, podemos hacer una triangulación. Al afirmar que Dios es la candela que nos ilumina, podemos ampliar la metáfora y decir que Dios es la parafina (materialidad primaria de la candela), el pabilo que sostiene la luz y la llama que arde (comunidad trinitaria), y nosotr@s, somos la pequeña luz que unida a la llama de Dios, hace posible por su Espíritu, que estemos encendidos.

> La vida no está en la parafina,
> no está en el pabilo,
> No está en la candela.
> La vida está en arder

Para que así brille la luz para todos y todas los de la casa, y que al ver las obras de la luz, glorifiquen, no nuestra luz, sino a Dios nuestra candela, fuente de toda luz. (Cf. Mt5:16).

7. Cuando la oscurana se prolonga...

La teología desde la luz de una candela nos enseña que existen momentos de luz menguante.

La luz, primera realidad que descubrimos cada mañana, es signo positivo que genera vida y esperanza. Produce en nosotr@s fascinación y alegría. La reflexión teológica desde la luz de una candela al afirmar y celebrar la luz como bendición vital toma distancia de la ilusoria teología de la experiencia vital invicta, de sol radiante siempre victorioso. ¡La noche es la mitad de la vida! Los caminos de la vida son difíciles: "la colina hay que subir, nada es sencillo aquí" expresa la canción "El misterioso dragón" de Víctor Heredia. No siempre encontramos a lo largo del camino, luz, alegría, victoria.

"¿Que hay más luminoso que el sol? Y sin embargo con todo se eclipsa" (*Sabiduría* 17:31).

Emerge así, en la reflexión teológica desde la luz de una candela, <la teodicea>[5] es

EXPLICITACIÓN

decir, la difícil pregunta por Dios desde la oscura noche del alma. ¿Dónde está el Dios de la luz cuando nos encontramos atravesando "el valle de cañadas oscuras", "barrancos de profunda oscuridad" (Salmo 23:4 (Traducción de J.Trebolle/S.Pottecher, *Libro de los Salmos*. Madrid: Trotta. 2001:67).

En la oscuridad de la noche sin la luz de las estrellas, cuando vivimos la experiencia del desamparo humano y divino, sentimos en nuestro cansancio que la lámpara/candela de Dios se ha apagado inexorablemente.

La reflexión teológica desde la luz de una candela en "honradez con lo real", asume con lucidez la fragilidad y vulnerabilidad propia de los seres humanos. No ignora con la ligereza moderna del "todo va bien" el mundo de lucha y dura presencia real del dolor, en que está envuelta la vida humana. No pasa piadosa ante el dolor, indiferente, o "dulcificándolo". El dolor siempre es y será amargo. Aferrarnos con esperanza a la luz no es celebración distraída ni abstraída —evasión espiritualista— frente al sabor amargo de las derrotas, de las realidades sociales de injusticia y anti-vida que generan en la historia "a contra luz", los agentes y mecanismos al servicio del poder anti-vida de la oscuridad.

El libro de Job, capítulos 29 y 30, recoge la argumentación que Job viene presentando. Recuerda lleno de añoranzas desde su dolor presente "los viejos días cuando Dios hacía brillar su lámpara encima de su cabeza y a su luz cruzaba las tinieblas" (v.29:2-3). Grito a Dios y "no me respondes" (v.30:20) para señalar "Esperé dicha, me vino desgracia; esperé luz, me vino oscuridad" (v 30:26). Es la dura y punzante herida de la real experiencia humana mil veces vivida en la cotidianidad social y personal.

La fe en Dios no es un seguro de inmunidad contra la constitutiva vulnerabilidad humana. En la vida personal y cotidiana, en el caminar de cada día, nos toca transitar "por valles de cañada oscura", llámese enfermedad, depresión, pérdida de un ser querido, desempleo, crisis financiera, inseguridad ciudadana, violencia doméstica, crisis familiar, consecuencias del cambio climático, pérdida del sentido de la vida, desesperanza. Así de mil maneras nos encontramos con la orgullosa insolencia de los rostros visibles y ocultos de la oscuridad.

Históricamente y sobre todo "desde el reverso de la historia", en un mundo injusto e insolidario, percibimos un eclipse del "Sol de Justicia" del que habla el profeta Malaquías (v.3:20). Para "los condenados de la tierra" la noche oscura se ha prolongado y pareciera que no amanece pronto.

8. Aferrarnos a la luz cuando parece cerrado el camino

La teología desde la luz de una candela nos enseña que cuando la oscurana se prolonga debemos aferrarnos a la luz.

Cuando está cerrado el camino hacia la luz, para no dar pasos que nos hagan tropezar en la oscuridad, la opción que nos queda contra toda oscuridad, es dar "pasos de luz".

> *"No veremos el sol naciente si mantenemos la mirada puesta en el poniente"* (Proverbio japonés).

La oscuridad tiene poderosos mecanismos y agentes históricos, pero nunca es absoluta. La noche por oscura que sea, podrá ocultar, pero nunca desaparecer la luz de las estrellas.

Dicho con vocabulario paulino se trata de no renunciar a pesar de la oscuridad, a la resistencia esperanzada. "La esperanza vivida contra toda esperanza" (Rom 4:18). La Biblia Interconfesional (1978) traduce dinámicamente "Esperando en Dios [el Dios de la Luz] cuando parecería cerrado todo camino a la esperanza". Es la incansable tozudez de la tenacidad, de la persistencia en el camino de la luz.

Es mejor encender una candela con esperanza que estarse quejando de tanta oscuridad.

Existen muchas personas-luz cuyo don en tiempos de densa oscuridad consiste en mantener encendida la luz. Una luz que por pequeña que sea, en medio de la oscuridad se convierte en una gran luz. De esta manera contribuyen a mantener viva la esperanza de que la luz y no la oscuridad, prevalecerá. Tal es el caso de esa inmensa nube de <<testig@s de la luz>> como califica el evangelio a Juan el Bautista (Jn 1:8). Sus vidas y su recuerdo-memoria ("somos hijos e hijas de la memoria transformadora-liberadora-utópica". D.Pedro Casaldáliga) nos acompañan como fuente permanente de fecunda inspiración renovadora.

Entre miles de testig@s de la luz, vienen a nuestra memoria el teólogo y pastor Dietrich Bonhoeffer. (Renata Bethge. *Bonhoeffer. Esbozo de una vida.* Salamanca: Sígueme. 2004). Ana Frank, Edith Stein, Noel Vargas, Arlen Siu, Luis Espinal, Helder Camara, Leonidas Proaño, Arnulfo Romero, Cesar Chavez, Martin Luther King, La Madre Teresa, la hermanita Jesús Genoveva, Desmond Tutu, Nelson Mandela… y much@s y much@s más, unidos en sinfonía coral esplendorosa, a la manera de los himnos solemnes de victoria perdurable de quienes han vencido, según narra el Apocalipsis (19:1-6). Que hoy y siempre resuene más fuerte su ardiente proclama:

*¡La oscuridad,
       nunca más!*

La luz resplandece en medio de la oscuridad… La oscuridad no podrá vencer. El Dios de la Luz ha establecido el reinado de su luz sin ocaso…!

Menos conocida en América Latina, pero lúcida e inspiradora, es la vida y lucha abolicionista de esa extraordinaria mujer-luz, llamada Harriet Tubmann (¿1820?-1913).

Promesa de la Luz

"De veras Hij@ mí@
Ya todas las estrellas han partido
Pero nunca se pone más oscuro
que cuando va amanecer".

De la sabiduría popular guanacasteca, Costa Rica, recogida por el escritor y poeta Isaac Felipe Azofeifa Bolaños (1909-1997).

El 10 de diciembre de 2011, la Universidad Bíblica Latinoamericana, me hizo entrega, en nombre de los docentes y administrativos de la Universidad, de la pintura original "Promesa de Luz" del artista costarricense José Sánchez (1958).

EXPLICITACIÓN

En medio de la gran alegría por la belleza de la pintura, entregada con especial cariño por la Rectora Violeta Rocha, casi de inmediato irrumpió en mi mente y corazón, la "memoria subversiva" de una extraordinaria mujer afrodescendiente: *Harriet Tubman.*

¿Cómo se hizo la conexión? Un punto de luz, en medio de la noche, fue la razón que explica dicha conexión entre arte, luz y memoria subversiva. Fue así porque la pintura "Promesa de Luz" me catapultó con su simbólica de luz, hacia la lucha antiesclavista que libró Harriet. Su arriesgada fuga hacia la libertad una noche del año 1848. Recordé la mediación solidaria del <<ferrocarril subterráneo>> con su importante red clandestina de "casas de seguridad" donde se expresaba con fuerza el signo-símbolo *de una luz encendida en medio de la noche, luz de vela en la ventana o de un candil en el portal,* en gesto solidario de acogida, pan, techo, amistad, expresión de una activa diaconía samaritana en protección de la vida de los esclavos negros en su caminada hacia la libertad.

Harriet Tubman

Harriet Tubman nació esclavizada en una plantación del condado de Dorchester, Maryland (EUA) alrededor de 1820. Al crecer, Harriet experimentó como mujer afrodescendiente y esclava; golpes, insultos y humillaciones cada día. Se volvió experta en el arte de la resistencia, —trabajando despacio, rompiendo las herramientas, adoptando una máscara de ingenua conformidad— mientras luchaba por mantener su convicción interior de que en realidad, valía mucho más que una simple no-persona. Harriet estaba convencida de que el propósito de Dios era que ella fuese libre.

El catecismo "ortodoxo" de los amos esclavistas enseñaba la obediencia y aconsejaba a los esclavos que aceptaran su situación. Pero los esclavos escucharon un mensaje diferente. El Dios de la Biblia era el Dios que había escuchado el grito de los esclavos (Ex 3:7-8): "pues ha conocido sus angustias y ha descendido para librarlos de la mano del faraón y de la esclavitud en Egipto". Era el mismo Dios que inspiraba a los profetas para defender "el derecho de los pobres", era el Dios Abba que Jesús anunció. Éste Dios no era el dios de los amos esclavistas, sino el Dios de la Vida, el Dios de los pobres y excluidos.

EXPLICITACIÓN

Con este Dios Harriet Tubman vivía cotidianamente desde su lucha, una profunda experiencia. Aunque pequeña de estatura, Harriet era fuerte. Se había entrenado durante años para moverse silenciosamente, sentirse en la naturaleza como en su casa y encontrar caminos de libertad en la oscuridad de la noche.

Todas estas habilidades entraron en juego al emprender su fuga liberadora en 1848. Viajando en la oscuridad de la noche, para evitar los cazadores de esclavos y siguiendo la estrella del Norte o Estrella Polar, pasó a través de los pantanos, ríos y bosques, escondiéndose y durmiendo de día al abrigo de las cuevas o una <<casa de seguridad>> o escondida en un árbol frondoso. Cuando finalmente atravesó el Estado de Pensilvania, casi de inmediato, se sintió invadida por el sentido de una misión más amplia.

> *"Había cruzado la línea de la frontera. Era Libre, pero no había nadie para darme la bienvenida a la tierra de la libertad. Era una extranjera en una tierra extranjera; mi hogar, después de todo, estaba allá abajo, en Maryland... Pero era libre y ello@S debían serlo también. Establecería mi casa en el Norte y los traería hasta aquí, con la ayuda del Dios liberador".*

De esta manera, luego de su peligrosa travesía hacia la libertad, Harriet eligió volver hacia el Sur esclavista con el propósito de ayudar a escapar a otro@s que aún permanecían oprimidos por la esclavitud.

Durante los siguientes doce años volvió como Moisés, a la "tierra del Faraón", un total de diecinueve veces. En el transcurso rescató al menos trescientos esclavos, incluyendo a su padre y a su madre.

Estos viajes estaban a cada paso llenos de peligros. Una cosa era viajar sola y otra muy diferente mover de veinte a treinta personas, incluyendo niños, a través de cientos de millas de campo abierto. En aquella época el ayudar a esclavos fugitivos, era castigado incluso con la muerte.

Harriet, recibió apoyo del llamado Ferrocarril Clandestino (en inglés *Under ground Railroad*) una red anti esclavista informal, clandestina, solidaria, muy bien organizada de casas de seguridad, verdaderos refugios, a lo largo del camino.

Una luz en la noche de la libertad

En la red de <<casas de seguridad>> al servicio del ferrocarril clandestino, la rica simbólica de la luz era de gran importancia.

EXPLICITACIÓN

Las rutas del ferrocarril clandestino estaban llenas de señales que sólo los fugitivos conocían. Era necesario un lenguaje simbólico en un territorio esclavista hostil y de sombras de muerte. Afuera de las "estaciones" (casas de seguridad) existían unas esculturas de hierro que representaban a esclavos con una lámpara en la mano: si la luz estaba encendida, podían llegar a tocar, y recibirían atención, alojamiento, alimentos, descanso, pero si estaba apagada era peligroso detenerse. (http://mujeresriot.webcindario.com/Harriet_Tubman.htm).

Luego de la guerra civil (1861-1865), Tubman se retiró a una pequeña casa en Auburn, Nueva York. Vivió con austeridad, y aun así se dedicó a dar refugio y cuidado a los negros pobres. Se mantenía vendiendo verduras de su jardín.

En 1869, un admirador blanco publicó *Escenas de la vida de Harriet Tubman,* como medio de hacerle ganar algún dinero. Sin embargo estaba acostumbrada a vivir con sencillez y ser solidaria. Rápidamente compartió sus entradas con las personas más necesitadas. Harriet vivió hasta los noventa años. Murió en paz el 10 de marzo de 1913. (Robert Ellsberg. 2001:160-162).

El ejemplo de la vida de Harriet Tubmann, nos muestra con claridad de medio día que *no se derrota la oscuridad con más oscuridad.* "Solo la luz puede derrotar la oscuridad" (Martin Luther King 1929-1968). Pablo amonesta "No te dejes vencer por el mal, triunfen sobre el mal [la oscuridad] a fuerza de hacer el bien [las obras de la luz]" (Rom 12:21). La oscuridad no es razón para renunciar a la búsqueda de la luz. El fenómeno natural del eclipse de sol no supone el fin del sol. Es sólo el ocultamiento parcial de su luz que continua brillando detrás de las sombras.

Frente al sol totalmente velado entre oscuros nubarrones escribió un judío en los muros del gueto de Varsovia (1940-1943):

> "Creo en el Sol aunque no brille.
> Creo en la llama, aunque no la sienta.
> Creo en Dios, aunque no pueda verlo"
>
> (Hans Küng. *El judaísmo*. Madrid: Trotta. 1993:570).

La luz que buscamos no está al final o después de un largo túnel. No. La luz se encuentra en medio del mismo túnel.

Es allí donde debemos buscarla, para que nos ilumine y nos conduzca hacia el final del túnel. Lo importante es dar el primer paso. Luther King decía: "No hay que ver la escalera completa; basta con divisar la primera grada y llenarse de ánimo para empezar a caminar".

> "Esperaré en Dios mi liberador; mi Dios me escuchará. Si me siento en oscuridad, Dios es mi luz... me sacará a la luz y gozaré de su justicia" (Miq 7:7-9).

9. Días de luz surgirán de la penumbra fértil

> La teología desde la luz de una candela nos enseña que no existen noches eternas.

¡Que existe mucha oscuridad en el mundo! Ciertamente, pero también es muy real que existe mucha luz. Cuando la vida nos presenta rostros de oscuridad debemos mostrar que la luz tiene mil razones que la oscuridad no conoce. Es cuestión de atreverse a correr las cortinas para que la luz entre. La prolongación de la noche no es la extensión sin fin, vociferante y arrogante, de muros infranqueables de oscuridad. No se conoce una noche por oscura que esta sea que secuestre para siempre la luz de las estrellas. Con su oscuro manto podrá bloquear, menguar la luz, pero nunca derrotarla.

Hacemos nuestro el testimonio de vida-luz de la mártir carmelita de origen judío,

Edith Stein (1891-1942) (Santa Teresa Benedicta de la Cruz O.C.D.) cuando afirma llena de esperanza que "También hoy, en la noche oscura, *la estrella de Belén* (cf. Mat 2:1-2,9-10) continúa brillando". (R.Ellsberg, 2001:379-381).

Ninguna fuerza de oscuridad tiene la última palabra. La historia muestra que no existen noches eternas…<<*El nuevo día se inicia en medio de la noche*>> dice un refrán cargado de siglos de sabiduría popular campesina. Es por el sendero de la noche que llegamos al alba. Por oscura que sea la noche, amanece. Cada nuevo amanecer renueva el milagro de la belleza de la luz. La simple repetición de lo mismo, no invalida el milagro. El amanecer abre una gran veta de posibilidades creadoras. "La luz trabaja todos los días recreando el mundo, igual que Dios, como si repitiera sus hallazgos cotidiana, insistentemente, y de ese modo constatar que el mundo es bueno. . . los seres humanos, al renovarse cada día, pueden celebrar la novedad del día, gracias a la recepción gozosa del impulso anímico de la luz". (Leopoldo Cervantes, "Vida, muerte y resurrección de la luz: una lectura teológico-poética". *En el camino de la luz*. Heredia: UNA-Sebila. 2008:259)

10. Cuando la penumbra <<hace ver>> cosas que no se ven en la luz... cuando menguar la luz hace ver mejor

La teología desde la luz de una candela nos enseña que la penumbra es madre de belleza y fuente de conocimiento...

La penumbra, el claro-oscuro, <el espacio de luz oscurecida> o de <oscuridad parcial> es la sombra parcial que existe entre la parte iluminada y la que está completamente oscura (*Vox. Diccionario de la lengua española*. Barcelona: Vox. 2009:1446).

Como parte del día está la fuerte luz del sol, pero como parte del día llega la noche y surge la penumbra como espacio de poca luz oscurecida. En la penumbra no desaparecen las raíces de la luz. Al contrario luz brota cuando removemos muros de oscuridad. Los seres humanos nos caracterizamos por poseer, coexistiendo simultáneamente en nosotr@s, luz y penumbra, el día y la noche.

La penumbra ofrece generosa un servicio *que no se encuentra en la luz*. No todo brilla y no todo se percibe con el esplendor fascinante de la luz. Para ver mejor muchas veces es necesario disminuir la luz.

San Juan de la Cruz (1542-1591) habla de la "noche oscura" [¡Oh noche amable más que la alborada!] como itinerario hacia Dios: "que bien se yo la fuente que mana y corre, aunque es *de noche*".

He aquí la gran paradoja, la penumbra es madre de belleza y fuente de conocimiento. Hay belleza que sólo es posible contemplarla gracias a la penumbra. Existen formas de conocer que sólo se abren ante nuestros ojos en la sombra, que nos da la gracia de mirar con ojos nuevos. Es la noche la que afina nuestro ojo para contemplar la luz de las estrellas. Lo importante es tener claro que somos seres de luz y que no pertenecemos al mundo de la oscuridad. Si decimos que hay penumbra, luz oscurecida, es porque alguna vez hemos experimentado la luz. "Si estamos en un cuarto oscuro y decimos que no hay luz, es porque alguna vez hemos visto la luz" escribe el filósofo hindú Swami Tilak (1928-1984). (J.Albaigés/ M.D.Hipólito, 1996:104).

> Solo sabe de la Luz quien ha atravesado por los valles y barrancos de penumbra.

La naturaleza con su rica diversidad nos ofrece una gran lección: en los valles y montañas donde hay sombras y abundante neblina, hay mucho verdor y fecundidad. Con belleza lo muestran nuestros bosques tropicales húmedos.

EXPLICITACIÓN

El exceso de luz en la naturaleza como en la experiencia humana, puede enceguecer. Nelson Mandela lo ha destacado con la hondura sapiencial propia de un Ministro de la luz: *"Es nuestra propia luz y no nuestra oscuridad lo que más nos asusta"*. (Discurso de Investidura/10 de mayo de 1994).

Elizabeth Kübler Ross (1926-2004) señala que los seres humanos somos como *vidrieras*. Brillamos y *"re-luz-cimos"* (-es decir- "lucimos luz"-) cuando brilla el sol.

"Pero cuando llega la noche y llega la oscuridad, es que realmente podemos apreciar la verdadera belleza, cuando resplandece una *luz que proviene del interior* [que no es otra sino la que arde en el corazón]. Cuanto más intensa la oscurana de la noche, *más luminosas las vidrieras*". (*Una vida plena*. Barcelona: Ediciones Vergara. 2004:45).

11. la Luz-vida tendrá la última palabra

La teología desde la luz de una candela apuesta por la esperanza… brillará la luz que la oscuridad no habrá podido vencer.

"Aquel día será un día único… elegido por Yahvé sin distinción de noche y día sucederá que al final de la tarde

continuará RESPLANDECIENDO LA LUZ.
Zacarías 14: 6 (Cf. Is60:19-20).⁶

No existe la candela inacabable. Al ofrecer generosa su luz se va gastando hasta que inexorablemente termina. Cierra la candela su ciclo vital. Ha cumplido su noble tarea. Podría pensarse que <<su fin>> material, entre otras cosas, es el adiós definitivo a la luz. Pero no. A pesar de ser frágil y transitoria, su luz perdura. La luz siempre permanece. Aunque muera una y otra vez, siempre volverá a la vida, en la luz de muchas otras candelas encendidas.

En la dimensión espacio-temporal de la vida humana, la muerte del testigo de la luz no representa el apagar definitivo de la luz. Morir es cerrar los ojos al ciclo de la vida con los límites de su determinismo espacio- temporal. Es al mismo tiempo abrir la puerta a una dimensión más profunda de VIDA, así con mayúscula, bajo el arco iris de la Vida en plenitud, en la presencia luminosa de Dios creador y dador de vida.

La noche final no llega como preludio de una eternidad-oscuridad, "preludio de la experiencia integral del vacío" (E.Cioran. 1911-1995).

Lo que acontece es *un cambio radical de dimensión*, una metamorfosis en la cualidad de la experiencia vital y agraciada de la luz. Tan sólo ocurre que se ha apagado la luz en nuestra frágil casa espacio-temporal, porque comienza a brillar la luz de la alborada de un nuevo día en la Casa- Luz del Padre-Madre de todas las luces.

Es simplemente bajar los parpados para no ser encandilados al despuntar la claridad del nuevo amanecer en el país de la VIDA-LUZ, (Is 60:19), en la casa del *Eterno Cirio Pascual*, que es Dios mismo.

En la primera carta de Juan convergen y se entretejen armoniosamente dos ejes *theos*-lógicos axiales: *Dios es Luz* (1:6) y *Dios es Amor* (4:12). Al conjugarse muestran la luminosidad de Dios, <su gloria>, no como una trascendencia, sino como un compromiso: la opción amorosa de Dios por la vida de toda la creación. La vida que proviene de Dios se manifiesta como luz para los seres humanos (Jn 1:4) objeto de su amor (Jn 3:16). Dios nos amó primero, gratuita y generosamente. El amor leal de Dios <<la gloria-amor>> resplandece comunicando la plenitud su vida-luz. Una calidad de vida-luz que es definitiva (Cf. Is 30:26) expresión de su amor- lealtad.

En eso consiste el Misterio de Dios
¡Que Dios nos amó primero!
Esa es la abundancia de su gracia (Rom 5:20).
¡ACEPTAR QUE HEMOS SIDO ACEPTADOS!

Inundados por su amor contemplaremos cara a cara la belleza del rostro de Dios, iluminados para siempre, como lo cantó hace siglos un salmista: *"Contempladlo y quedaréis radiantes"* (34:6. *Biblia de América.* Madrid: La casa de la Biblia.1999), es decir, llenos de su luz.

Con fe y esperanza caminamos,
 sabiendo que en la tarde de la historia personal,
 un amor-luz nos espera.

<<Un amor—luz me espera>>

Una hermana carmelita muy enferma, reflexionando, habla así de su muerte cercana:

<<No sé lo que ocurrirá al otro lado,
cuando mi vida haya entrado en la eternidad:
solamente estoy segura
de que un amor me espera.

Sé que será el momento de
hacer balance de mi vida,
tan humilde y tan común,
pero más -allá del temor-
solamente estoy segura
de que un amor me espera.

Por favor, no me habléis de glorias,
ni de alabanzas de bienaventurados,
ni tampoco acerca de los ángeles.
Todo lo que yo puedo hacer
es creer.
Creer obstinadamente
que un amor me espera.

Ahora siento llegar la muerte
y puedo esperarla confiada,
porque lo que siempre he creído
lo creo con más fuerza:
que un amor me espera.

Cuando muera, no lloréis
si veis que tengo miedo,
-¿Por qué no iba a sentirlo?-,
Recordadme sencillamente
que un amor,
un amor me espera>>.

(*Soeur Marie Du Saint-Esprit*, Simone Piguet 1922-1967, Carmelo de Nogent sur Marne) en Dolores Aleixandre, RSCJ. *Bautizados con Fuego*. Santander: Sal Terrae. 1997:12).

El Apocalipsis de Juan de Patmos, en medio de la historia que vive y sufre ante el poderío del mal, lejos de generar miedo, sostiene fortalecida nuestra esperanza. No es un libro de malas noticias sino todo lo contrario, de muy buenas noticias. Narra Juan en su visión de Cristo resucitado, que sus ojos "eran como llamas de fuego" (1:14) y su rostro "era como el sol cuando brilla con todo su esplendor" (1:16).

> ¡El cordero asesinado está de pie luminoso y victorioso frente a los poderes de oscuridad! (5:1-14).

De ahí su mensaje liberador: ¡No tengamos miedo! En el puerto de arribo de los avatares de la historia, prevalece la luz. No cerrará la historia ni en la nada ("*el pesimun del Nihil*") ni retornará a la oscuridad caótica primordial. Ha llegado la aurora esplendente de un nuevo día en una nueva casa luz, de puertas abiertas (21:13). El "nuevo cielo y nueva tierra" (21:1,13) iluminados con la presencia de Dios. Es la victoria de la luz, de la VIDA con mayúscula, esto es, la definitividad de la vida humana compartida en plenitud.

"Tampoco necesita -la ciudad-luz de sol,
   ni luz de luna, que la alumbre.
   LA ILUMINA LA GLORIA-PRESENCIA
           DE DIOS,
   y su CANDELA es el cordero...
                              (Ap 21:23-24).

Una ciudad-luz sin noches y sin necesidad
   de antorchas, ni de sol, porque Dios será la luz
   que ilumine a sus habitantes..."
                              (22:5)

NOTA BIBLIOGRÁFICA:

Este libro recoge de manera más amplia y mejor articulada, reflexiones ya expresadas en mis Artículos **"las velas símbolo de luz y fe"** en **SIGNOS DE VIDA** [Revista cristiana de divulgación y reflexión], Quito [Ecuador], Consejo Latinoamericano de Iglesias [CLAI] N° 13, Septiembre de 1999: 29-31; "**La utopía de la Luz** "en **PASOS**, San José [Costa Rica], Departamento Ecuménico de Investigaciones [DEI] N° 56, Noviembre-Diciembre de 1994:23-26; "**El Dios de la luz: luz creciente, oscuridad menguante**" en **VIDA Y PENSAMIENTO**, San José [Costa Rica], Seminario Bíblico Latinoamericano [UBL] Vol. 15, N°1, Julio de 1995:57-72; "**Meditación Bíblica-teológica sobre el sentido de la luz**" en **CUADERNOS CERJUC**, Moravia [Costa Rica] mayo 2002:1-16; "**Celebración de la buena nueva**" en **Jesús como buena noticia para tod@s**, San José [Costa Rica]: Universidad Bíblica. 1998:132-142; "**Teología Litúrgica**" en **XILOTL** [Revista Nicaragüense de Teología] Managua-Nicaragua. UPOLI, STB.CIEET. N° 22. Año 11. Febrero 1999:9-26; "**El Espíritu Santo y la celebración litúrgica**" en **VIDA Y PENSAMIENTO**, San José [Costa Rica] Universidad Bíblica Vol. 19, N° 1. Junio de 1999:37-49; "**Jesucristo liberador: luz para todos y todas**" en **VIDA Y PENSAMIENTO**, San José [Costa Rica] Universidad Bíblica Vol. 20 N°1. 2000:29-52. "**El Cristo luciente del Apocalipsis**" en el libro colectivo **Ecce Mulier**, San José: SEBILA. 2005:357-372, en homenaje a la profesora Irene Foulkes con motivo de su Jubilación como docente de la Universidad Bíblica Latinoamericana. "**De las tinieblas brotó la luz. Apuntes para una teología bíblica de la luz**" en **VIDA Y PENSAMIENTO**, San José [Costa Rica], Universidad Bíblica Latinoamericana. Vol. 21.No.1 Primer semestre 2001: 135-160; "**Taller teología de la luz: significan-**

do las velas". ***Cuadernos CERJUC,*** Moravia [Costa Rica] Junio 2003:1-20; "***El Dios de los pobres: misterio de gracia y fidelidad***" en ***SIWO. REVISTA DE TEOLOGÍA,*** Heredia, Costa Rica, Escuela Ecuménica de Ciencias de la Religión Universidad Nacional. Número 2, Primer semestre de 2010:123-158.

NOTAS

(1) "Si vivimos gracias al Espíritu, ACTUEMOS conforme al Espíritu" (Gal 5:25). En razón del uso generalizado en la actualidad del término <<espiritualidad>>, es importante matizar el sentido básico que tiene en este trabajo. Entendemos la espiritualidad como la vida humana desplegada en su acción cotidiana con la dimensión de profundidad y trascendencia que le confiere el Espíritu. En el lenguaje paulino se conoce como "la vida vivida, según/conforme al Espíritu" (Rom 8 y Gal 5). La vida humana abarca el cuerpo y el espíritu, lo individual y lo social, lo emocional y lo racional, lo trascendente y lo inmanente del ser humano. Lo llamamos espiritualidad porque es "una experiencia nacida bajo el dominio del Espíritu", pero como una experiencia que ocurre en el centro de la vida humana histórica (naturaleza y sociedad). Es un escuchar al Espíritu, un "dejarse llevar por el Espíritu", "siguiendo sus pasos". Quien en la vida de cada día, en el aquí y el ahora cotidiano cultiva y siembra lo que agrada al Espíritu, cosechará el fruto del Espíritu: "amor, alegría, paz, tolerancia, amabilidad, generosidad, lealtad, sencillez, dominio de sí mismo" (Gal 5:22). (Cf. Carlo Maria Martini. *El fruto del Espíritu en la vida cotidiana.* Estella: Verbo Divino.1999).

La espiritualidad no tiene que ver con la religión, asociada creencias, dogmas, ritualidad sacramental, institucionalidad, derecho canónico, poder y ejercicio jerarquizado de la autoridad. La espiritualidad tiene que ver con las cualidades del espíritu humano: bondad, compasión, tolerancia, amor, paz, solidaridad, capacidad de perdón, generosidad. Para vivir la espiritualidad es importante la práctica de la compasión y el amor, la compresión y el respeto por todas las formas de vida.

Le preguntaron al Dalai Lama en una ocasión ¿Qué es la espiritualidad? A lo cual respondió de manera breve y sencilla. **"La espiritualidad es aquello que produce en el ser humano una transformación interior"** (L.Boff. *Espiritualidad*. Santander: Sal Terrae. 2002:19).

(2) Cuando hablamos y escribimos nuestras reflexiones teológicas desde la luz de una candela ("una teología de la candela"), el lector puede pensar extrañado que se trata de una ocurrencia-ficción, o una construcción folclórica tropical, proveniente de la pastoral litúrgica. Pero no es así. Se trata efectivamente de teología, en el sentido al que apunta su etimología: palabra sobre Dios. Lo que sucede es que no estamos acostumbrados a leer teología pensada y sentida desde la vida cotidiana, como apropiado <lugar teológico>. Teología que sea más experiencia vital, y no ciencia racional. Teología metafórica, no doctrinal o metafísica. Articulada desde la vivencia de la fe en medio de la vida como nutriente esencial, desde la opción por la vida plena.

El quehacer teológico no se agota en el creer: "la sola fe" (peligro del fideísmo) o la "Sola Escritura" (peligro del fundamentalismo). Un teólogo cuando busca reflexionar contextualmente-teología con geografía y cultura- al hablar de Dios, por exigencia metodológica de su quehacer teológico, tiene que incluir en su tarea el diálogo con la historia, la naturaleza, la sociedad, el género, la economía, la diversidad cultural, la literatura, la espiritualidad.

La conversación/diálogo constante, aquí y ahora, con los saberes humanos es exigencia permanente. La teología es el esfuerzo de co-relacionar las dimensiones constitutivas de la vida en el contexto más amplio de la compleja y dinámica red de relaciones históricas-sociales-ecológicas-culturales, que son parte del entramado de la vida humana real. De lo contrario la vida de fe y la reflexión teológica se convierten en una isla, o más grave, una especie de módulo espacial que flota "por encima del mal tiempo" de las variadas y complejas realidades que los seres humanos tenemos que enfrentar cotidianamente.

Señal de una buena teología es 1) su capacidad de generar interrogantes, de plantear preguntas y mejorarlas, 2) su capacidad de provocar la imaginación, promover una continua creatividad y 3) su capacidad para tomar distancia de los esquematismos dogmáticos y sus construcciones sistemáticas con su vana pretensión de explicarlo todo, tanto lo humano como lo divino. Hacer teología ya no es vivir apegados a barrocas formulaciones abstractas y abstraídas de las urgencias del mundo real. No debe sorprender que este tipo de teología sea extraña y distante del hombre y la mujer "de carne y hueso", siempre con sus nuevas y urgentes preguntas nacidas desde el centro de la vida.

El quehacer teológico es dinámica tarea interpretativa circular <<permanente circulación hermenéutica>> (en sentido contrario a la clásica y "ortodoxa" línea recta según la metodología del "orden establecido").

En los últimos 60 años ha existido un camino teológico ya recorrido que va desde "la teología de las realidades terrenas" (Gustavo Thils) hasta la teología de la ecología, la teología de los animales (Andrew Linzey), pasando por las teologías de las luchas específicas (tierra, mujer, negritud, indígenas) y las teologías contextuales de liberación: latinoamericana, africana. Asiática. (Cf. V. Fabella/R.S. Sugirtharajah. *Diccionario de teologías del tercer mundo.* Estella: Verbo Divino. 2003). Y así muchas otras que podríamos enumerar. La teología positivamente se está expresando con rica diversidad y explícita polifonía.

La reflexión teológica desde la luz de una candela no busca la ruptura con la teología fundamental, la antropología teológica, la teología de la historia de salvación (gracia, pecado, justificación, las promesas escatológicas). Lo que si busca es un diferente lugar para hacer teología. De ahí que las nuevas temáticas teológica las valoramos como un enriquecimiento para la vida de fe: teología del bienestar animal, teología del maíz, teología del banano, teología de la tierra, teología del agua, teología de la diversidad cultural, teología de la salud, teología de la mujer, teología india, teología negra, teología de la economía, del trabajo, de la sexualidad. Aunque la teología no es todo, ni el teólogo puede ser "todólogo", en el fondo de las cosas hay un <lugar teológico> específicamente si está en juego la defensa y promoción del don de la vida humana, el don mayor que Dios nos ha conferido y que es al mismo tiempo el más amenazado por los poderosos intereses de la antivida.

(Cf. El documental de Al Gore, *Una verdad incómoda (*1996) disponible en español en la red, en el sitio: http://www.youtube.com/watch?v=VHt2UulbgRc sobre la grave crisis planetaria del calentamiento de la tierra y las serias amenazas para el futuro de la vida en nuestra casa tierra, la única que tenemos. (Al Gore. *Una verdad incómoda*. Barcelona: Gedisa Editorial. 2007).

La defensa y promoción activa del don de la vida, de toda la vida, con su rica materialidad y hondura espiritual, es hoy el pretexto mayor para continuar haciendo teología, para pensar y repensar teológi-camente, no sólo con la mente, sino también con el corazón. Es una cuestión ética.

(3) Hemos utilizado diferentes versiones de la Biblia. Damos prioridad a versiones modernas que emplean el equivalente dinámico como metodología de traducción, con el fin de ofrecernos un texto que supere los límites de las traducciones literales.

En lo concerniente a la traducción en 2 Samuel 22:29, donde habla de Dios como "candela", citamos el texto bíblico según la versión que nos ofrece *La Sagrada Biblia* (1975), versión crítica por Francisco Cantera Burgos y Manuel Iglesias González y un equipo de especialistas. (Madrid: Biblioteca de Autores Cristianos. 1975). Este es el Cántico.

> << *Cantico de Acción de Gracias y de Gratitud por una Victoria*>> *(cf. El Salmo 18 con el que coincide).*
>
> *«Yahveh es mi peña, mi defensa y mi libertador, Dios mío», mi roca, en que me acojo, mi escudo, mi cuerno de salvación, mi baluarte y mi refugio; / salvador mío, de violencia me libras.*
> *A Yahveh invoco, digno de loa, | y de mis enemigos soy salvado. Me envolvían oleajes de muerte, | me aterraban los torrentes perniciosos; las cuerdas del seol me rodeaban, | se me tendieron las trampas*

de la muerte. Clamé a Yahveh en mi angustia,
| y hacia mi Dios pedí auxilio;
y mi voz escuchó desde su templo
y mi grito penetró en sus oídos.
Estremecióse y retembló la tierra, | se conmovieron las bases de los cielos |se estremecieron porque El ardía en ira. Humo salía de sus narices | y fuego devorante de su boca; de El brotaban brasas encendidas. Los cielos inclinó, descendió luego,
/ bajo sus pies había densa nube;
montó sobre un querube, emprendió vuelo, y planeó sobre las alas del viento.
Hizo de la oscuridad en torno suyo cual tienda,
/ un montón de aguas, espesuras de nubes.
Al fulgor de su presencia se encendían, ígneas brasas.
Tronó Yahveh desde el cielo, / y 'Elyón emitió su voz, despidió saetas y los dispersó,
/un rayo, y los derrotó.
«Entonces se mostraron las corrientes del mar, / quedaron patentes los cimientos del orbe a la amenaza de Yahveh, / al resollar del viento de su nariz.

"Alargó de lo alto [su mano] por asirme, me extrajo de caudalosas aguas,
Me libró de mis fuertes enemigos', de mis odiadores, más potentes que yo.
Me asaltaban en el día de mi infortunio, | pero Yahveh se convirtió en mi apoyo; y me sacó
a lugar anchuroso,
me salvó porque me ama.
Yahveh me galardona conforme a mi justicia;
conforme a la pureza de mis manos me retribuye,
porque he guardado de Yahveh las vías, y a mi Dios no he traicionado;
pues todos sus decretos ante mí están presentes,
y sus estatutos de mí no aparto.
He sido para El irreprochable, y me he guardado de cometer falta.
Yahveh me retribuye conforme a mi justicia, conforme a

mi pureza ante sus ojos.
Con el piadoso muéstrate piadoso, con íntegro varón-
mujer te muestras íntegro; con el puro te muestras puro,
| y con el tramposo eres tortuoso.
/ Al pueblo humilde salvas, / pero abates
los ojos altaneros.

29- En verdad Tú eres, Yahveh, mi candela /
y mi Dios, que esclarece mis tinieblas.

...'El es intachable, | la palabra de Yahveh, acrisolada...
es un escudo para cuantos a Él se acogen...
¿quién es Roca fuera de nuestro Dios? –Ha- El es mi
refugio potente y despeja perfectamente mi ruta; hace
mis pies [veloces] cual ciervas/ y sobre las alturas en
pie me mantiene... Me diste tu escudo salutífero, y tu
benevolencia me engrandece; ensanchas mis pasos bajo
mí. | Y no titubean mis tobillos.

Viva Yahveh, Bendita sea mi Roca | El Dios, Roca de
mi salvación, sea exaltado; Ha-El... el que me libra de
mis enemigos y sobre mis rivales me enalteces, del
varón violento me salvas. Por eso he de alabarte, oh
Yahveh entre los pueblos, y tu Nombre he de cantar; el
que acrece las victorias de su rey y dispensa favor a su
Ungido,... para siempre.

(4) En el ámbito de estos dos polos referenciales encontramos en La Biblia, aunque no de forma sistemática, los textos acerca de la luz. Aparecen en diversos contextos histórico -culturales, géneros literarios, y tradiciones (exódica, profética, poética, sapiencial, apocalíptica). Los símbolos bíblicos son abiertos y ofrecen una pluralidad de sentidos posibles. Junto a los textos bíblicos que hablan de la luz, es necesario estudiar los textos que hablan de iluminar, brillar, esclarecer, <<sacar a la luz>, resplandor, fuego, santidad, llama, antorcha, lámpara, candelabro, cuerpo luminoso, luz celestial, sol, estrella.

Véase: Maurice de Cocagnac, **Los Símbolos Bíblicos**. Bilbao: Desclée. 1994:13-50; Horst Balz/Gerhard Schneider (Eds), **Diccionario Exegético del Nuevo Testamento**. Salamanca Sígueme, 1998. Tomo II. pp. 2023-2032. Para una mayor profundización sobre "luz" en la Biblia véase:

Primo Gironi, "Luz/Tinieblas" en P.Rossano/G. Ravasi/A.Girlanda **Nuevo diccionario de teología bíblica**. Madrid: Paulinas. 1990:1077-1084; Manfred Lurker, **Diccionario de imágenes y símbolos de la biblia**. Córdoba: El Almendro.1994; Juan Mateos/ Fernando Camacho, **Evangelio, figuras y símbolos** Córdoba: El Almendro.1989 "Luz", en J Chevalier/A. Gheerbrant, **Diccionario de los símbolos**. Barcelona: Herder.1993:663-668; H. Conzelmann, "Luz" (TWzNT Vol. IX, 310-358) en G.Kittel/G.Friedrich/ G.W.Bromile **Diccionario teológico del NT (Compendio).** Grand Rapids: Libros Desafío. 2002:1278-1283; André Feuillet "Luz" en A. Diez-Macho/S. Bartina **Enciclopedia de la Biblia.** Barcelona: Garriga. 1962. Vol. IV.1106-1102; R.Schnackenburg, "Luz" en J.B. Bauer, **Diccionario de teología bíblica.** Barcelona: Herder. 1966:599-606; A. Feuillet/P.Grelot, "Luz y tinieblas" en X.León-Dufour **Vocabulario de teología bíblica.** Barcelona: Herder. 1973:493-496; "Luz" en Gaalyahu Cornfeld (Dir.) **Enciclopedia del mundo bíblico.** Barcelona: Plaza-Janes. 1970: Vol. II, 180-181; M. Saebo, "Or/Luz" en E Jenni y C. Westermann **Diccionario teológico manual del ATestamento.** Madrid: Cristiandad. 1978: Vol I, 148 156; S.Aalen, "Or/luz" en J. Botterweck/H.Ringgren (Dir.) **Diccionario teológico manual del AT.** Madrid: Cristiandad.1978 Vol. I, 160-180; H.Ch.Hahn "luz en L.Coenen/E.Beyreuther/H.Bietenhard **Diccionario teológico del Nuevo Testamento**. Salamanca: Sígueme. 1980-1984:Vol., 462-474; C.Can, "luz" en Centro Informática y Biblia/Abadía de Maredsous **Diccionario Enciclopédico de la Biblia**. Barcelona: Herder.1993:934-93; H.Ritt, "Phos/luz" en **Diccionario exegético del Nuevo Testamento.** Salamanca: Sígueme.1998Vol.II, 2023-2027; M. Winter, 2027-2032; Felipe F. Ramos, "Luz" en F. F Ramos

(Director) ***Diccionario de Jesús de Nazaret.*** Burgos: Monte Carmelo. 2001:747-754: Xabier Pikaza, ***Dios judío Dios cristiano. El Dios de la Biblia.*** Estella: Verbo Divino.1966.

(5) El término teodicea (del griego *Theos*=Dios y *dike*=justicia) fue creado por el filósofo y científico alemán Gottfried Wilhelm Leibniz (1646-1716) y hoy forma parte de lenguaje teológico académico. Lo utilizó en el título de su libro de apologética teísta: *Ensayos de teodicea sobre la bondad de Dios, la libertad del ser humano y el origen del mal,* escrito en 1710. (Denis Huisman. *Diccionario de las mil obras clave del pensamiento.* Tecnos: Madrid.1977:245-246). Leibniz intenta hacer el papel de " abogado defensor de Dios", justificándolo racionalmente afirmando la bondad de las acción de Dios en el mundo. En el fondo se encuentra la pregunta, siempre difícil: ¿El por qué del mal y del sufrimiento del inocente? ¿Por qué un Dios todopoderoso, bueno y amoroso no controla y elimina la existencia del mal en el seno de su creación?

Humanamente hablando valoramos sin provecho alguno y hasta peligroso, el esfuerzo de razonar ante el sufrimiento. Es manifiesta la insuficiencia de las propuestas teológicas teóricas frente a la realidad contundente del sufrimiento en el mundo. El dolor está ahí para ser acompañado y combatido, no para hacer apologética metafísica o conceptualizaciones bizantinas para consumo de los que no sufren. Frente al hecho universal y cotidiano de un mundo sufriente (los seres humanos, los animales, la tierra) los teólogos han sido abogados de Dios y pretenden justificarlo, salvando su omnipotencia, al precio de culpabilizar y condenar a los seres humanos víctimas. Frente al dolor del inocente muchos teólogos y predicadores simplemente exhiben una locuacidad cínica, que conduce a la terrible imagen de un dios sádico al servicio de la religión del miedo o la sumisión. (Sobre la crisis del Dios de la teodicea racional cf. J.A. Estrada. *La imposible teodicea*. Madrid: Trotta.1997).

Dios sólo es creíble cuando se pone del lado de las víctimas, de los crucificados de la historia, porque es un Dios que participa de nuestros sufrimientos. Solo un Dios que está aquí con nosotr@s y sufre con nosotr@s puede salvarnos. (Cf. La carta del 16 de julio de 1944 escrita por D.Bonhoeffer desde una cárcel nazi. (*Resistencia y sumisión*. Salamanca: Sígueme.1983:250-253). Nos parecen iluminadores los aportes de D.Sölle en "El dolor de Dios y nuestros dolores" (1996:73-102).

(6) Este texto del profeta Zacarías, ofrece motivos propios de las promesas escatológicas (=sobre las cosas últimas, "El día de Yahvéh"). Anuncia que vendrá "Aquel día", un día único que traerá un cambio radical espacio-temporal. Se anula el pulso del día y la noche, pues al llegar la noche, continuará habiendo luz. El advenimiento de "aquel día" será único e interminable lleno de luz, porque Dios mismo "será tu luz perpetua…tu sol ya no se pondrá…" (Is 60:19s). (Cf. L.Alonso Schökel/J.L. Sicre. *Profetas*. Madrid: Cristiandad.1980: II, 1200-1202).

JOSÉ DE LA VICTORIA -conocido como Victorio Araya-Guillén. Costarricense (8 de mayo de 1945). Cristiano ecuménico. Abierto al diálogo interreligioso e intercultural. Pertenece a la tradición cristiana heredera de la Reforma religiosa [Protestante] del siglo XVI. Ejerció la docencia teológica, hasta su jubilación (2011), en la Universidad Bíblica Latinoamericana y en la Escuela Ecuménica de Ciencias de la Religión. Universidad Nacional, UNA (Heredia, Costa Rica) y como profesor invitado en diversas instituciones teológicas en América Latina y el Caribe. Es Licenciado en Filosofía por la Universidad de Costa Rica y doctor en Teología (Universidad Pontificia de Salamanca, España). Su libro **El Dios de los Pobres** ha tenido una amplia divulgación. Durante 25 años ha sido "artesano de la luz" y docente-participante en talleres populares ecuménicos e interculturales (Universidad de la Vida) para la elaboración de candelas.

VICTORIO ARAYA-GUILLÉN   LA LUZ DE UNA CANDELA

A mi profesor Victorio Araya, teólogo artesano de candelas. (Inspirado en Don Simón Rodríguez, maestro del Libertador Simón Bolívar hacedor de candelas, constructor de luz).

Eres, fabricante de luces,
constructor de claridad,
maestro, teólogo constructivista.
Eres todo gesto, toda palabra.
Esa palabra se hizo gracia en tu voz,
y en tus manos, artesano de candelas,
de ideas que se encienden con tus ocurrencias
irreverentes y casi infantiles.
Hacedor de risas, de reflexiones.
Encendedor de mechas, olores, colores, y texturas.
Artesano de candelas,
fabricante de luces,
constructor de pensamientos.
Así siga brillando tu luz delante de todos y todas.

Obed Juan Vizcaíno Nájera.
Maracaibo, Venezuela 10-4-2005.

Son bienvenidos aportes, reflexiones, observaciones sobre el tema del libro. Nos interesa enriquecerlo y profundizarlo. Recordemos que "todo punto de vista es solamente la vista de un punto".

Si usted tiene a bien comunicarse con el autor de este aporte "La luz de una candela. Reflexiones teológicas" puede escribirme a la siguiente dirección:

Correo electrónico (e-mail):
unavag@gmail.com
http//www.facebook.com/vic.araya.g

o bien al: Apartado Postal 825-4005 Belén, Heredia, (Costa Rica)

DATOS DEL AUTOR

BIBLIOGRAFÍA

Aldazábal, José. *Vocabulario básico de liturgia.* Barcelona: Centro de Pastoral Litúrgica.1966.

Aleixandre, Dolores, RSCJ. *Bautizados con Fuego.* Santander: Sal Terrae. 1997.

Anselmo. *Proslogion.* Buenos Aires: Aguilar. 1961.

Bhágavad-guitá o *El canto del bienaventurado.* Buenos Aires: Aguilar. 1964.

Balz, Horst /Gerhard, Schneider (Eds). *Diccionario Exegético del Nuevo Testamento.* Salamanca Sígueme, 1998. II Tomos.

Biblia Ecuménica Dios Habla Hoy. Sociedades Bíblicas. 2007.

Biblia Traducción Ecuménica (TEB/TOB). São Paulo: Ediciones Loyola. 1994

Biblia Traducción Interconfesional. Madrid: Casa de la Biblia/ Sociedades Bíblicas de España. 2008.

Biblia Traducción en Lenguaje Actual. Sociedades Bíblicas Unidas. 2004.

Blanco, José Luis. "Luz que te entregas" en *Himnos de la Liturgia de las horas.* Barcelona: Coeditores Litúrgicos. 1988.

Boff, Leonardo. *El despertar del águila.* Madrid: Trotta. 2000; *Espiritualidad.* Santander: Sal Terrae. 2002.

Bonhoeffer, Dietrich. *Resistencia y sumisión.* Salamanca: Sígueme. 1983.

Cantera, Francisco/Manuel Iglesias. *Sagrada Biblia.* Madrid: Biblioteca de Autores Cristianos. 1975.

Cervantes-Ortiz, Leopoldo. "Vida, muerte y resurrección de la luz: una lectura teológico-poética". En El *camino de la luz.* Heredia: UNA-EECR/Sebila. 2008.

Chevalier, Jean /Alain.Gheerbrant. *Diccionario de los símbolos.* Barcelona: Herder. 1993.

Cocagnac, Maurice. *Los símbolos bíblicos.* Desclée. 1994.

Epiney-Burgard, G. /E. Zum Brunn. *Mujeres trovadoras de Dios. Una tradición silenciada en la Europa medieval.* Barcelona: Paidos. 1998.

Estrada, Juan Antonio. *El sentido y el sin sentido de la vida.* Madrid: Trotta. 2010;

Imágenes de Dios. Madrid: Trotta. 2003; *La imposible teodicea.* Madrid. Trotta. 1997.

Floristán, Casiano. *Celebraciones de la comunidad.* Santander: Sal Terrae.1996; *10 palabras clave sobre símbolos cristianos.* Estella: Verbo Divino. 2005; *Símbolos del cristianismo.* Estella: Verbo Divino. 2005; /Juan José Tamayo. *Conceptos fundamentales del cristianismo.* Madrid: Trotta. 1993.

Fabella, Virginia/R.S. Sugirtharajah. *Diccionario de teologías del tercer mundo.* Estella: Verbo Divino. 2003.

Gebara, Ivone. *Las aguas de mi pozo.* Montevideo: Doble Clic Editoras. 2005.

Gironi, Primo. "luz/tinieblas" en Pietro Rossano/G.Ravasi/A. Girlanda. *Nuevo diccionario de teología bíblica.* Madrid: Paulinas. 1990.

González Ruiz, José María. *Dios es gratuito, pero no superfluo.* Madrid: Marova. 1970.

Gutiérrez, Gustavo. *Compartir la Palabra.* Lima: CEP. 1995.

Küng, Hans. *El judaísmo.* Madrid: Trotta. 1993.

Lurker, Manfred. *Diccionario de imágenes y símbolos de la Biblia.* Córdoba: El Almendro. 1994; *El Mensaje de los símbolos: Mitos, culturas y religiones.* Barcelona: Herder. 1992.

Maier, Johann/ Peter Schafer. *Diccionario del Judaísmo.* Verbo Divino. 1995.

Mardones, José María. *Vida del símbolo. La dimensión simbólica de la religión.* Santander: Sal Terrae. 2003.

Martini, Carlo María. *El fruto del espíritu en la vida cotidiana.* Estella: Verbo Divino. 1999.

May, Roy. *Discernimiento moral. Una introducción a la ética cristiana.* San José: Dei/Sebila. 2004.

Olañeta J.J. de (Editor). *Mujeres místicas (Antología).* París: Editions de la Table Ronde. 1996.

Patte, Daniel (Editor). *The Cambridge Dictionary of Christianity.* New York: Cambridge University Press. 2010.

Pikaza, Xabier. *Apocalipsis.* Estella: Verbo Divino.1999; *Dios judío, Dios cristiano: El Dios de la Biblia.* Estella: Verbo Divino. 1996; *El "Cántico espiritual" de San Juan de la cruz.* Madrid: Paulinas.1992; *Diccionario Teológico: El Dios cristiano.* Salamanca. Secretariado Trinitario. 1992; *Nueva Biblia de los pobres.* Bilbao: Desclée.1991. http://blogs.periodistadigital.com/xpikaza.php

Poupard, Paul. *Diccionario de religiones.* Barcelona: Herder. 1997.

Rahner, Karl. *Dios con nosotros. Meditaciones.* Madrid: BAC. 1979.

Ruiz de la Peña, Juan Luis. *Creación, gracia, salvación.* Santander: Sal Terrae. 1993.

Schökel, L. Alonso. *Al aire del Espíritu: meditaciones bíblicas.* Santander: Sal Terrae. 1998; *Biblia del peregrino.* Bilbao: Ega-Mensajero. 1999; *Profetas.* Madrid: Cristiandad. 1980 II volúmenes.

Shipp, Horacio. *Creencias que han movido al mundo.* México D.F: General de Ediciones. 1966.

Sölle, Dorothee. *Reflexiones sobre Dios.* Barcelona: Herder. 1996.

Tamayo, Juan José (Dir.). *Nuevo diccionario de teología.* Madrid: Trotta. 2005; *Para comprender la crisis de Dios hoy.* Estella: Verbo Divino. 2000.

Tillich, Paul. *Se conmueven los cimientos de la tierra.* Barcelona: Ariel. 1968.

Trebolle, Julio/Susana Pottecher. *Libro de los Salmos.* Madrid: Trotta. 2001.

Tutu, Desmond. *Esperanza y sufrimiento.* Buenos Aires: Nueva Creación. 1988.

Uribe, Santiago. *Navidad es Luz.* Bogotá: San Pablo. 2003.

BREVE ÍNDICE TEMÁTICO

Candela, 17-18; 46-49

Celebración de la fe, 33-34; 69-71

Cirio pascual, 47; 77

Cruel inhumanidad, 103-105

Esperanza, 17; 140-146; 157

Espiritualidad, 48; 118; 148-149

Fe-confianza en Dios, 101-103

Fuego, 28-29; 55

Gracia, 17; 20-22; 101

La oscurana, 123-126

Luz:
  -Aferrarnos a la luz, 126-128
  -Camino de la luz, 78-80ss.
  -Camino *OrShalom*, 87
  -Danos tu Luz, 92
  -De una candela, 11; 46-49
  -Dios es Luz, 18-20; 98; 142
  -"*Hágase la Luz*", 26-28
  -Luz del Espíritu Santo, 75-76
  -Luz en la Biblia, 33-34; 154-156
  -Oración al Dios de la Luz, 99-100
  -Padre/Madre nuestr@ de la Luz, 107
  -Praxis de la luz, 114-121
  -Promesa de luz, 129-134
  -Salmo de la luz, 35-36
  -Seres de Luz, 29-33

Llama, 52-56; 119-123

Manifiesto 2000, 116-118

Método Teológico, 13-15; 17-18; 149-152

Misterio de Dios, 61-63; 66-67

Opción ética, 88-91

Parábola de las mariposas, 56-59

Parábola del fósforo y la candela, 49-50

Penumbra, 136-140

Sagrada *Menorá*, 37-45

Símbolo, 63-68

Teodicea, 156-157

Teología, 13-14; 18; 149-152

Teología de la candela, 94-97

www.ingramcontent.com/pod-product-compliance
Lightning Source LLC
Chambersburg PA
CBHW040015240426
43664CB00036B/5